30歲前
都能實現的哈日遊學夢

JAPAN
日本

打工度假全攻略

一位日文檢定
只有四級的台灣女孩
第一次獨自出國，克服語言障礙的追夢之旅

>> 簽證、求職、租屋、旅遊一本通

蕭文君 著

日本打工度假
最完美教戰手冊！

01.簽證申請　02.理由書撰寫　03.打包行李　04.在日省錢撇步
05.工作地點選擇　06.尋找工作管道　07.在日租屋秘訣
08.手機選擇使用　09.旅遊經歷分享

傳遞台灣的美好

文君是我在中山女高時的學生，十年光陰過去了，我欣喜看到當年亭亭玉立的高中生已研究所畢業、從日本歷練一年回國，兢兢業業的在台北醫界服務之餘，樂於執筆分享她的日本體驗。

還記得當年她們初入中山時，我對她們提出的十二字學習方針「主動學習、大量閱讀、統整思考」；畢業時期許她們聰慧明理、溫柔敦厚之外，每天凡事懷抱熱誠與執著，全力以赴、堅持到底；待人真誠關注與分享，懷著柔軟謙卑的心，去做與人有益的事、去愛人助人。

我對中山女孩的諄諄教誨，從文君的書中，可以看到她在日本這一年的身體力行，她充分運用網路科技、現代交通之便，以知性的眼、感性的心，深入體會日本人文風情，以溫柔謙卑結交多國朋友，同時也讓異國友人從她身上認識台灣的美好。

台灣或許很小，但是台灣人的心絕不小，希望台灣的每一個孩子，都能抬頭挺胸，有自信的在世界每個角落、為每個人付出。教育的責任重大，每一個園丁躬耕於菁圃之時，學生的表現與回饋是我們的活水源頭。相信未來，文君還會有更多更美的分享，讓我們一起等待。

台北市教育局長　丁亞雯

以素直的心相待

　　二十年前，我曾在東京留學七年，唸書之餘也當中文家教、在照相館打工，現在回想起來，覺得自己年輕時能去日本長住，真的好有福氣，像做了一場很幸福的夢。

　　文君給人文靜、樸實的印象，有一顆素直（すなお）的心，她去日本前，我曾替她翻譯「打工合約書」，她做事謹慎細心，溫順又純正的性格，也是大部分日本人的性格，老一輩的日本人很喜歡這樣的女孩，難怪她很快就融入日本的生活。

　　日本主管對環境整潔方面要求比較嚴格，起初會讓台灣人不習慣，但是，文君都適應得很好，還拿到研習一百分滿分證書，很不簡單！我從她的書中能夠充份感受她從日本之旅傳遞來滿滿幸福的滋味，由衷的替她高興，祝福她未來每一天都充滿幸運和歡喜！

日本千葉縣麗澤大學　日本語系畢業

資深日譯秘書　黃暐君

有深度才有溫度

　　唐朝鑑真大師欲東渡扶桑傳法，歷經險阻第六次才成功登上日本國土，鑑真大師是胸懷大志的宗教家，也是不畏艱難的旅行家，在沒有飛機快速交通工具的年代，他花費數年輾轉在旅途中，遊歷了大半個中國；在資訊少的可憐的年代，他尋找人脈、蒐集資訊完全靠自己摸索。

　　網路已是現代生活的一部分，取得資訊不困難，但是琳瑯滿目的訊息如何過濾篩選，卻是令人傷腦筋，《日本打工度假全攻略》作者提供的訊息，涵蓋日本庶民生活的食衣住行娛樂，對於有志到日本打工旅遊一族是非常有用可靠的資訊，可以少走冤枉路減少摸索的時間。

　　文君在日本一年，和日本人共事九個月，雖然行前對日本文化並不陌生，卻依舊產生文化震撼，這本書娓娓道來生動有趣，十里不同風、百里不同俗，讀者若能事先了解，將來就不會表錯情、會錯意了。其餘三個月旅遊，日本四季分明各有特色，但是一般遊客只能看山是山、看水是水，若能深入探討在地的文化歷史，便能感受其土地溫度與人文厚度，文君敘述她在北海道函館的感懷，也提醒讀者做個有深度的旅人。

　　文君從小是個文靜乖巧的女孩，她能勇敢地跨出國門，在異國生活，自食其力，並且平安歸來，已是令家族大小高興不

已，現在又將旅日見聞集結出書，更是令人讚嘆，身為長輩與
有榮焉。

北一女英語教師　謝碧蓉

吉普力美術館天台上的天空之城機器人，就跟動畫裡的一樣，溫柔安靜的
守護著這座宮崎駿的祕密花園。

背上背包，
踏出屬於自己的旅程！

　　看著文君的文字，腦中浮現自己在紐澳闖蕩的點點滴滴、酸甜苦辣。旅途中所遭遇到的各種人事物，如跑馬燈般歷歷在目，又在腦中細細地咀嚼了一遍，那趟屬於我自己的壯遊，是我人生的重要資產，也讓我建立了許多跨國的友誼。

　　在這本書中，文君把在日本打工旅遊所需注意的食衣住行育樂鉅細靡遺地條列整理，讀著可以很方便地查詢，是日本打工遊學的聖經寶典，亦是深入淺出的日本文化指引，舉凡國情不同所需注意的小細節，還有背包客最在乎的如何省錢，在這本書裡都可以找到答案，有了這本書可以節省很多四處查詢資料的時間。

　　但是我認為這本書最大的價值不在提供讀者各式整理好的資料，而在於透過這本書，你可以看到一個弱女子在這一年中的心路歷程及成長，得到跨出去的勇氣，也可以學習到應該用什麼樣的心態面對打工遊學。

　　在澳洲時看到很多人只是如蛋塔效應般隨著潮流去打工遊學，並沒有想清楚自己在這趟旅程中想要得到些什麼，沒一兩個月就回國了，身為文君的堂哥，很高興在文君的旅程中，她能有所成長，有所收獲，也得到了她想要的小確幸也相信在日本的這一年體驗會給她的人生帶來很多正面的改變。

如果你還在猶豫要不要打工遊學，如果你還在辛苦地蒐集資料，如果你需要說服長輩讓你出去闖一闖，那麼這本書會是你的最佳解答。看完這本書，open your mind，背起你的背包，踏上屬於你自己的精彩旅程吧！

台積電電腦工程師／紐澳背包客　蕭孟勤

橫濱紅倉庫前的草莓祭典，草莓飾品、草莓酒、草莓口味的甜品，紅通通的的草莓到處都是！

旅日的心靈物語

　　文君與我是唸實踐大學時參加「基層服務社」社團時認識的摯友，雖然科系不同，卻友誼深厚。四年期間，文君曾擔任社團會計及公關的等職務，每年暑假也都隨團到偏遠鄉區為弱勢學童服務，是一位有愛心、有慧心的好伙伴。

　　日本與台灣雖然只有三小時航程，但是，要單身去打工度假，對文君而言仍是一大突破。她在長野打工時，我們三位社友合寄臺灣最有名的伴手禮：鳳梨酥去給她打氣，沒想到她的日本同事都沒嚐過，吃了讚不絕口、還想再吃；她在強羅溫泉飯店打工時，我們也到東京自由行六天，期間專程跑去箱根探訪，看到她穿著正式廚師服與日本人一起工作，真是酷極了。

　　將日本心得撰寫成書，對文君又是跨一大步。還記得文君出發到日本的那天是2011年12月20日，為此在行前我還趁著辦社團聯誼活動之時，在山上唱曲〈紅蜻蜓〉做為餞行。她出發後在日本的每一天，總是忠實的記錄著打工生活的點滴，每2～3天就會寄發一份電子日記，而身為讀者的我總是趁上班午休時間雀躍的開啟檔案，享受美味的便當與文字。日記中每每她看到日本學童到滑雪勝地戶外教學、台灣退休老夫婦到溫泉飯店度假等等生活中的大小事，總是特別興奮與感動，這些正是我們基服人的特質。

從旅遊及領隊的角度來看，近幾年進駐台灣的廉價航空輩出，亦為形成簡約風格的出國旅遊、打工度假風氣盛行的主要原因之一，常常有旅客在電話中這麼詢問：要飛到哪個城市打工度假比較好？我的行李中想要帶電鍋去會不會超重？等等諸如此類行前會碰到的問題，本書將會是讀者的實用指南，我也認為本書將是年輕人旅遊日本的心靈物語，看完都讓我想再去一次日本自助旅行了呢！

　　我樂見摯友在生涯中步步開展，讓我也想勇敢作夢，心志高昂，讀萬卷書、也要行萬里路，世界是我們學習的舞台，願未來友情仍一路相伴不孤單。

富騰旅行社導遊　董乃文

Contents

Let's go to
JAPAN

為什麼要去日本打工度假？

「妳為什麼要去日本打工度假呢？」這恐怕是我過去一年來，聽到別人問我最多次的問題了。每次我聽到都會答不太出來，不是因為我說不出理由，而是理由太簡單，就好像人家問你為什麼不喜歡吃芥末，為什麼喜歡吃漢堡一樣，「沒為什麼啊，因為我喜歡日本啊。」我總是這樣回答，單純的因為喜歡日本，加上學業剛好告一段落，於是就大膽的邁出大步去了。

繼澳洲、紐西蘭之後，2009年起日本在台交流協會也開放了台灣到日本打工度假一年的簽證，但日本還不是主流地區，前往日本打工度假的人不如澳洲，紐西蘭等這些所謂的「熱門淘金地」來得多，因此能得到的資訊也少，尤其2011年的311大地震，不但嚇壞在日本的外國人，也震跑不少想去但還沒去的申請人。加上日文又不像英文是我們從小開始學的外語，許多人在語言這道大門前就退怯了，且大家普遍對日本人有「嚴肅又龜毛」、「日本人要求很多，又不太愛用外國人，要找打工好像很辛苦……」等刻板印象，所以申請前往日本打工度假的人和紐澳地區相比，少了很多。

實不相瞞，我也曾經是站在日本打工度假這座巨門前躊躇不前，一度覺得憑自己半調子的日文程度，從沒一個人獨自出過國，甚至連在師大夜市都可以迷路的我一定辦不到，光憑著喜歡

是不夠的，於是赴日打工度假的夢想，就像擺在書櫃上的裝飾品一樣，偶爾會抬頭看看，但直到蒙上了灰塵都不曾拿下來。

　　直到研究所比自己預期的時間提前順利畢業，口試完畢也交了論文，總算鬆了一口氣的我望著接下來一整面空白的行事曆，突然發現若沒別的計畫，我就要開始投104人力銀行然後去找工作了耶！接著可能是坐在辦公桌前，然後開始我三～四十年的OL生涯，接著可能被同事朋友丟婚禮炸彈，然後我也可能去炸別人，顧家庭、顧老公、生小孩、養小孩、然後老了、領退休金，就這樣過一生了！

　　當然，這樣的人生不是不好，可是，總覺得好像少了什麼啊。就像《海賊王》裡的魯夫沒有戴草帽，《銀魂》裡少了新八，《新選組》少了山崎一樣，有一種失落的感覺，於是，我想起那個曾經放在角落裡的打工度假夢，我拿起來拍拍灰塵，去日本吧！可是，只會五十音的我，怎麼可能在日本找得到工作？就算有滿腔的熱情也要有武器才可能戰鬥啊！於是我又怯懦了，最後，讓我下定決心，壓斷我背後那根稻草，放手一搏的關鍵，其實只是日劇裡的一句台詞而已：

　　「人生寧可有100次的失敗　也不要有1次的後悔」
　　（100の失敗よりも、一つの后悔をしたくない）

　　在假日閒來無事看東野圭吾的《新參者》日劇時，我看到劇中主角阿部寬說了這句話，彷彿是東野大叔知道我要放棄，立刻提醒我振作一樣，這句話打醒了我。

抵達日本第一天，看到東京表參道之丘（表參道ヒルズ）佈置的燈飾，好像是歡迎我來到日本實現願望的灰姑娘馬車。

夢想和櫻花一樣，都是不等人的喔！

於是，我跟自己說：我要去日本，就算會傷痕累累的哭著回來，那也要哭過我才甘心，我不知道我會不會去日本沒打工幾個月就被日本人趕回來？但我知道我這時候不去，以後一定會後悔，而且可能再也沒機會去了。於是，我報名了日文補習班，遞出簽證申請，半年後，我終於實現夢想來到日本了。

而現在一年結束，我可以肯定的告訴大家：**到日本打工度假，是我這輩子做過最好的決定，也是我最自豪的資歷，當然這一年有哭有笑，有開心也有挫折失望的時候，但我一點也不後悔。**

所以，翻開這本書的讀者，我相信你應該是喜歡日本這個國家的，可能已經決定要去日本，也可能還在觀望，也可能正考慮要放棄，如果你擔憂的是語言？或不能適應？找不到工作？請不要害怕，也不要擔心，**如果連只學半年日文，只有四級程度，且從沒獨自外出旅行的我都能在日本待一整年，且平安無事的回來，你憑什麼不行呢？**人的潛能，真的比自己想的更無限呢！如果你的夢想不是去日本，而是去歐美國家，那也請千萬不要放棄，因為很多事情現在不做，以後真的不會做了。

所以，GO吧！丟掉你的不安，帶著滿皮箱的勇氣，出發吧！

【在台準備篇】

停看聽！赴日打工度假前的 know how

 擦亮你最重要的武器──日文

去日本打工度假，日語是不可或缺的，在日本的這一年，日語不但是你的工具，也是你最重要的武器。日語不佳也是許多人想去日本打工度假在這道門前打退堂鼓的第一個原因。這樣說來，究竟日文要到什麼程度才能去日本打工度假呢？

這個問題的答案依每個人的目標而不同，但問我的話，我會跟你說：「只要熟練50音平假名、片假名跟基本打招呼的會話就可以了」。

讀到這，想必很多人都一頭霧水吧，剛剛不是才說日文很重要嗎？怎麼現在又說只要會五十音就可以了呢？因為「語言」不是決定得到工作與否的唯一關鍵，「態度與決心」更重要。

雖然，我因自己的興趣平日看日劇、讀日本推理小說等多少有接觸一些日文，但我正式開始學日文是在去打工度假前的六個月，而且是從五十音開始學起。並且確定打工地點、準備啟程去日本前不到一個月，我才剛參加日語能力試驗新制四級檢定，考完連合格證書都還不確定拿不拿得到，就飛往東京報

到了。後來，在大阪認識其他臺灣來的朋友，才發現還有人只通過五級檢定就來日本了，並且是靠自己找到工作，不是委託代辦找的，還不止一個人喔，真的是讓我超級佩服。

很多代辦公司或是留學中心都會半誣嚇、半提醒想去打工度假的人說：日文沒二級不可能找到工作，要參加留學中心推薦的語言課程等等，其實沒那麼誇張，日文當然重要，但不是語言程度不好就一定找不到工作，基本上日文只要有三級程度就很足夠了，而且日本打工度假簽證本來就沒有限制語言程度，若你有一技之長更佳，譬如說：會料理烹飪或是烘焙等技能，只要工作認真，不怕沒工作。

有很多人日語考過了一級二級，結果講話支支吾吾的，或不敢開口，還不如只有四～五級程度。但敢開口、敢亂講的人，我也曾看過日文二級，但工作一個月就因為不認真，以為打工就可以打混而被開除的案例。因此，**找工作的時候，語言重要、態度更重要，甚至，有時候也要靠點運氣。**

因為是外國年輕人來打工，且偏重勞力工作，日本人並不會要求太多，只要能夠溝通即可。因此，語言不是決定得到工作與否的唯一關鍵，語言程度越好，找工作就越容易，選擇也更多，但語言程度弱的人，也可以做比較簡單的端盤送菜、工廠作業、清潔打掃等工作，或是透過代辦中心仲介，一邊打工一邊累積語言能力，只要有毅力、認真學習，一定可以克服的。

短時間加強語言的方法

　　日語程度不好雖然可以找得到工作，但，想要跟日本人聊天、上網、交朋友、擔任有較多機會開口練習日文的櫃檯接待等工作，絕對是非常吃虧的，所以，語言的加強還是很重要。我以身為一位非日文本科系的學生，簡單的分享自己學習日文的經驗供大家參考：

　　我很幸運，研究所課業告一段落，可以全天候全力學習日文，我特別挑選**與日本語言學校採用相同教材的日語補習班，上一週五天的密集課程，下課除了複習上課的會話外，就儘量背大量的單字，聽教育廣播電台的日文教學廣播，看日劇時也跟著台詞唸唸有詞地唸**，總而言之，讓自己醒著的時候，聽的、看的、說的、全都是日文，就這樣，半年內從五級唸到三級課程結束，一邊搜集資料準備出國申請等相關作業，一路上課到出國的前一天。

　　雖然我的打工工作不要求要有日文檢定合格證書，但我還是去考四級日檢，當作一種鞭策自己的方式，不然，沒有考試跟目標的學習是很容易怠惰的。

　　但是，這幾個月學習下來，我深深覺得：語言真的不是在短期之內就可以學好的，學習語言真的沒什麼快捷方式，即使已有明確的目標、也是自己有興趣的語言，要在短時間內，強塞一堆單字文法到腦袋裡，真的很痛苦，可能的話，語言的學習，還是越早準備越好。

我沒有選擇唸語言學校的原因

因為我的日文程度尚淺，去詢問之下發現日本語言學校四級以下的日文課，上課所使用的教材跟在台灣使用的大同小異，上課時數也一樣，差別只在於環境：一個在台灣上課、一個在日本上課，且在進日本語言學校時，會有一個聽說讀寫的分級考試，通常考試會比正規的日文檢定來得難，分級的結果，大多會比原來的程度再下降一級，例如：在台灣是三級程度，但在日本上課往往會被分配到四級的班級。

我在台灣已經密集進修了半年日語，由五級唸到三級完畢，我不希望到日本後又坐在教室再上一次四級課程，**我渴望直接投入職場跟更多日本人接觸，體驗日本的在地生活，這正是我選擇直接打工度假而沒有選擇到日本再唸語言學校的主因。**

就算在日本上語言學校，因為班上的學生都是外國人，大家下了課還是不常用日文交談，而日本上課的費用和台灣相比卻天差地遠。所以我覺得：**除非你的日文程度二級以上，不然只要自己塑造出日文的學習環境，在台灣上日文課也能穩紮穩打，進步得很快，和在日本留學相較起來，會更省錢省時又省力。**

當然，如果是計畫到日本唸大學及研究所的長遠目標，不像我的目標只是短期一年的體驗生活及日語提升，建議還是紮紮實實的唸到一級，接受日本語言學校的輔導升學較好。

最後，提供我使用的日語教材及一個免費的日語學習網站給大家，這是一個非營利性的網站，由一位台大日文研究所碩

士生所製作，裡面有許多豐富的日語學習資訊、講義和考題免費供大家下載使用：

音速語言學習http://jp.sonic-learning.com/

我半年期間在台使用的日文教材及參考書：

⛩ 大家的日本語／初級 I 、II 和進階 I 、II 冊（大新書局）

⛩ 東橋日語／日本語入門篇／3、4冊（東橋日語教材）

⛩ 日本人天天都在說の600句（凱信出版社）

⛩ 生活日語會話／上、下冊（廣播教材，致良出版社）

⛩ 前進中級5／日本語の文型と表現（大新書局）

⛩ 新日本語能力測驗／N4、N5文法模擬考題（寂天出版社）

⛩ 日本語能力檢定考試驗／N4聽解（和風數位日語）

⛩ 別笑！我是遊日必備日語書（漢宇出版社）

赴日前在台進修的各式日語參考書。

留學？打工？度假？どっち（哪一個）？

　　除了工作或結婚外，一般到**日本短期居留主要有：90天觀光簽證、一年打工度假或一年以上的留學簽證等幾種。**

　　持不同簽證各有其優缺點，依各人目的、語言能力和經濟條件而定，去日本前最好仔細思考去日本的目的後，再申請簽證或學校，比較不會浪費力氣和時間。

　　一開始我也考慮過申請留學簽證，但後來發現：申請打工簽證，在日本也可以留學唸書，只是兩者準備的方式及條件不同：

　　申請打工簽證需30歲以內，且每人限定只能申請一次，只要申請過後就無法再申請了（除非領證期間放棄資格，才可再重新申請，但只要一出國，就不得放棄了。）

　　留學簽證則沒有年齡及次數的限制，但花費明顯相對提高很多。

　　剛好我符合申請打工度假簽證者資格，當然把握這難得的良機囉。提醒30歲以下的年輕朋友們，打工度假簽證這張一生只能使用一次的珍貴門票，可要好好把握使用啊！

　　以下分別介紹不同日本簽證的優缺點，提供讀者參考。

🌸 留學簽證

優點

1. 沒有年齡限制，只要高中畢業18歲以上，身心健康不管幾歲都可以申請。
2. 在日本的居留時間比較不受限，只要你一直有在就學，就可以待在日本。
3. 完全沒學過日文者也可去日本留學，從五十音基礎開始學起。
4. 住宿和生活所需的資訊（如網路、手機）甚至打工的介紹等，校方大多可以提供協助，較為方便安心。
5. 可以認識許多來自世界各國、程度相當、志同道合的朋友。
6. 有意申請日本大學或研究所就讀者，日本語言學校大都會提供升學管道資訊。
7. 日語讀寫方面會有專門老師指導糾正。
8. 日語學校校區大都在市中心，住宿、購物、交通、旅遊等都較方便。
9. 領有學生證，參訪寺廟、看展覽或去美術館等及購買門票、機票、車票均可享學生票優待價。
10. 一段時間後也可以一邊念書一邊打工，學以致用，語言進步較快。

缺點

1. 需要自備在日的費用和財力證明，要求金額較高（財力證明條件依各校各有不同，約80萬台幣）。

2.有學歷限制（需高中畢業），部分學校有日語程度限制。

3.打工的時間限制較多，以不影響課業學習為原則。

4.留日時間需搭配學校開學時間（四月和十月），申請時間一年兩次。

5.留學簽證準備時間較長（至少需半年以上開始準備）。

6.語言學校同學大多外國人，能和日本人真正交流的時間和機會較少。

 國際學生在日本合法打工時數

★ 專門學校及日本語學校學生：一天4小時為上限，一週時數不得超過20小時。

★ 大學生及大學院生：一週28小時為上限，7至8月暑假期間一天8小時為上限。

★ 研究生及聽講生：一天2小時為上限，7至8月暑假期間一天8小時為上限。

 打工簽證

優點

1.需要準備在日的費用和財力證明要求金額較低（財力證明只需8萬台幣即可）。

2.沒有學歷和語言程度的限制

3.打工時間幾乎無限制，原則上一天最多8小時。

4.可自由安排行程，自由度較高

5.住宿和工作環境以日本人居多，開口練習日語及和日本人實際交流的時間較多機會、機率較高。

6.簽證申請時間一年兩次，但出國時間可依自己規劃訂定，較不受限。

7.打工簽證準備時間較短（一個月前開始準備即可）。

8.因打工時間較多，在日的經濟能力較寬裕。

缺點

1.有年齡限制，18歲以上30歲以下，身心健康者才可申請。

2.在日時間最多只限一年，簽證不得延長也不得重複申請。

3.因為沒有入校唸書，不敢開口的話，語言進步就會較慢，且讀寫有錯誤也沒有專業老師指導糾正，日本人通常也不會糾正你語法的錯誤。

4.出國後幾乎全靠自己，住宿和生活所需的資訊，如：網路、手機等，須靠自己準備蒐集，壓力較大，語言能力較佳及抗壓性較高者較適合。

5.較不適合有意繼續念日本大學或研究所深造者。

6.工作需自己找，女性有安全上的考量。

7.打工可能在較偏遠的郊區或鄉下，購物及交通較不便。

8.不適合完全不會日語者。

9.展覽館的入場費及車票、機票等，沒有學生證的優惠。

很多代辦中心都會提供：**申請打工簽證，先留學三個月唸語言學校、再打工九個月**，類似套裝組合的方式。唸完三個月後，假使語言程度合格，第一份工作將由語言學校介紹，對於語言程度較沒信心的人，不妨可以採用這種套裝方案，讓自己多點緩衝適應期，找工作也比較不會到處碰壁。但仍須準備日本學校需要的文件及三個月留學的費用，方案的限制規則也依各家代辦留學中心而有差異。

以我為例，我的規劃行程如下：

1.在台密集研習日語半年。

2.接下來到日本一年打工度假：在日本長野溫泉飯店打工三個月＋箱根溫泉飯店打工六個月＋在大阪、京都、東京、北海道等地旅行三個月。

 日本打工度假行程建議

★半年打工＋半年旅遊

★唸語言學校三個月＋打工六個月＋旅行三個月

★唸語言學校六個月＋打工三個月＋旅行三個月

★打工九個月＋旅行三個月

★一整年都打工＋返台後再持觀光簽證赴日旅行三個月

參加留學展和說明會前請全副武裝

　　想要了解日本打工或學校的情報，光靠自己在網路上找資料，很難收集齊全，若身邊也沒有經驗的親友可諮詢，這時候就要靠參加代辦中心的說明會或是留學展了。

　　台灣每年七月份會舉辦日本留學展，台北跟高雄各舉辦一場，通常半個月前就會在網路上公布留學展的資訊，算是一年之中規模最大的日本留學展，會場就像大學博覽會一樣，各個代辦留學中心和日本語言學校都會來擺攤位招生或是舉辦一些宣傳活動，有任何問題也可以現場直接詢問，是一個取得留學跟打工度假資訊很好的管道。除此之外，各家代辦中心也會不定時舉辦免費的說明會讓大家參與。

　　我覺得參加留學展和說明會是一個獲得資訊很棒的管道，去留學展繞一圈，選幾個有興趣的攤位聽聽說明，可以得到網路上所沒有的豐富資訊，也可以比較各個學校的優缺點，幫助你規劃去日本的行程，也可以聽到許多過來人的經驗談，但這是要建立在你已經對打工及留學有基本概念的前提之下，若是什麼想法都沒有就去參觀留學展或聽說明會，其實是一種很沒效率的收集資料方式，尤其看到一整排的攤位，你一定會彷徨無助，不知該如何下手，就像去大學博覽會，每個大學的攤位都拿一份介紹DM，若是沒有明確的目標，在會場人擠人，鬧哄

哄的繞了一圈，還是一臉茫然，手上也不過就是多了一大疊資源回收的垃圾，對規劃行程沒有什麼幫助。

除非你不急著去日本，不然，我建議去參加留學展也好、說明會也罷，還是做足功課再去比較妥當。

以下提供幾個參加留學展或說明會前需要思考的問題：

1.去日本（打工度假或留學）的目的是什麼？

想體驗國外生活？

增進日文能力？

學習特殊技藝（例如想念東京製菓專門學校等）？

賺錢？

旅行？玩樂？

我認識的打工朋友有畢業於日文系，畢業後想利用日文專長去日本工作賺錢、順便體驗生活的；有交了日本男朋友所以追愛去日本的；有失戀了想去國外旅行一年轉換心情的；也有到日本只工作不太旅行玩樂的。每個人都有自己的生活方式和目的，沒有什麼對錯，重點是「你要的是什麼？」赴日的初衷很重要，因為那將會是支持你在日本生活與學習的動力來源。

2.要打工度假？還是要留學？還是傾向短期留學再打工？

不同簽證，準備的方式和期間也不同，而這又關乎上面第一個問題，所以一定要考慮清楚。

3.自己的語言程度如何？

有些專門學校有入學考試評鑑或限定要通過日語二級～三級檢定才能入學，所以，就算你的日文已經到達一定程度，建議還是考一張檢定證明書較好。

4.想去日本的哪裡？

　　日本面積是台灣的十倍大，不同地區的風土民情、口音和消費物價都有差別，要選擇關東還是關西？大阪還是東京？九州還是北海道？都市還是鄉村？還是只要日本去哪裡都可以？日本在大家心目中是個先進國家，但城鄉差距還是很大，你能不能夠忍受便利商店要坐公車30分鐘才到得了的鄉下？還是你討厭都市的喧囂？想要去什麼地方一定要先想清楚，代辦中心的人也才能提供你建議。

5.自己或家人可提供的經濟支援可以到什麼程度？

　　留學是非常花錢的，除非你只打算短期留學三個月，否則，沒有準備一百萬以上的台幣，去日本會非常辛苦。

6.想找哪類的打工工作？

　　餐飲業？食品工廠？清潔公司？旅館業？主題樂園？一定要提供食宿嗎？每家代辦中心能提供或介紹的工作各不相同，若不是自己找工作而是靠代辦中心介紹，工作項目的選擇可能會有限：**提供食宿的工作，大多在偏遠郊區；東京、大阪等都會地區的工作單位，幾乎都不提供食宿的。**

7.將來的規劃

　　有沒有要繼續升學的打算？如果你在日本要繼續深造，打工度假簽證只是前進日本的暖身跳板，必須把諮詢重心放在留學而非打工上。

　　建議大家先問自己這幾個問題，免得去了留學展或說明會就像個無頭蒼蠅一樣，毫無效率的晃了一圈，最後還是不知道自己要的是什麼，那有去跟沒去是一樣的。

前往日本的一年份的門票
——打工度假簽證之申請

已經決定要去日本度假打工後，接下來就要進入簽證申請的重頭戲，因為留學簽證及各個學校的申請準備文件不同，建議有意申請學校者還是親洽各校代辦中心較好，在這裡以打工簽證的申請準備為主。

根據日本在台交流協會的說明，「打工度假乃基於日、台間的協議，為提供台灣青年能有體驗日本文化及日常生活方式之機會，認可其在期限最長為一年之度假期間，為補旅費之不足，而從事打工活動的一種制度。」因此，這並不是工作簽證，因此在**日本的一整年必須以「度假為主，打工為輔」才行，且不能在酒店或風化場所從事打工活動**，若要在日本的公家機關或私人機構從事固定的業務活動（也就是正職員工），並不在日本打工度假簽證核發的範圍之內。

簽證核發的數量

每年打工度假簽證發給件數為2000件。一年有兩次（5月及11月）申請機會，每次各核發1000件簽證。

簽證發給的對象

1. 申請打工度假簽證時為年齡介於18歲以上，30歲以下（**年齡限制以實際年齡計算，不限制學歷程度和語言能力**），須居住在台灣，持有效台灣護照（載有身分證字號）之居民。
2. 申請者必須**未曾取得此種日本簽證**。曾經取得打工度假簽證者，即使再度提出申請也無法成為發給對象。
3. 無被扶養者同行。（若該家屬持有其他有效簽證則除外）
4. 身心健康且無不良紀錄或犯罪紀錄。

 ## 打工度假簽證的限制

1. 簽證之有效期間為**一年**。（一年的期間是由**領證之後開始算一年**而非申請時算一年，例如2013年6月申請通過，但2013年12月才去領證，則一年的時間是從2013年12月開始算起而非2013年6月開始算起。）
2. 在簽證有效期間內赴日，並由入國審查官給予上陸許可者，即表示被認可自當日起，在日停留一年。
3. 簽證之有效期間無法延長。不能在有效期間內赴日者，該簽證將失去效力。

 ## 簽證申請方法

　　須由申請者本人，攜帶所需文件，向日本在台交流協會提

出簽證申請。不接受代理或郵寄申請，即表示申請人一定要在國內。

 簽證申請地點

日本在台交流協會
◆台北事務所（臺北市松山區慶城街28號通泰商業大樓）
◆高雄事務所（高雄市苓雅區和平一路87號九樓南和和平大樓）

 申請期間與審查結果發表

申請日期每年稍有不同，通常都在**五月初跟十一月初**，以2013年為例：

第一期：2013年05月06日（一）～05月10日（五）

第二期：2013年11月04日（一）～11月08日（五）

上午9：15～11：30及下午1：45～16：00，除此之外的其餘時間不接受申請。

※注意：若申請人數過多，交流協會事務所有可能會限制每日受理申請人數。因此，即使在受理申請時間內前來，也有可能無法受理申請。

審查結果發表日期約在申請日期後的一個月，公告合格者之受理號碼（受理申請時，由本所蓋在受理領證憑單上之號碼）於事務所網站，並張貼於台北、高雄兩事務所門口。此

外，審查結果是不接受電話、窗口的詢問，一切以網路上公告為準。

第一期：2013年06月14日（五）上午10點

第二期：2013年12月13日（五）上午10點

※重要注意事項：繳交審查文件時事務所會發給申請者受理憑證單，上面會有你的受理號碼，就像你的准考證號碼一樣，**發表結果時只會公佈你的號碼，領證時也必須憑號碼領證，故千萬不可遺失受理及證憑單，若遺失受理領證憑單，將無法領取簽證**，因此務必將受理憑證妥善保管。

※過了上述之領證期間，就不能再領證，請務必注意。

※在上述期間內沒有完成領證手續者，視同放棄，該許可亦將失效。

放棄領證如何處理？

若因私人因素無法在領證期間領證，請在領證期間攜帶「受理憑證單」、「護照」和填寫一份A4的「放棄說明書」，之後還是可以再度申請，且不會影響再次申請的審查結果。

申請所需文件

1.簽證申請書

2.兩吋白底彩色證件照1張：6個月內拍攝，正面、脫帽、無背景，貼於申請書上。

3.**台灣身分證影本**：正、反面，用A4白紙，單面印刷

4.**履歷書**：可以中文或日文填寫

5.**調查表**：可以中文或日文填寫

6.**理由書**：希望利用打工度假制度的理由，可以中文或日文填寫

7.**計畫書**：希望從事的活動內容，可以中文或日文填寫

8.**最終學歷等證明文件**：在學（休學）證明（正本）、畢業證書（影本）、休學證明書（影本）等。

  ※**沒有註明「依教育部規定本證可替代在學證明」之學生證不予認可。**

  ※**學歷證件因改名而與現在名字不一樣時，請附加提出有改名記錄之戶籍謄本（正本，3個月內）。**

9.**八萬台幣以上由銀行或郵局開立之存款證明書**：提供正本，一個月內所申請的存款證明，做為足以購買回台之交通票券，及在日停留初期維持生活之必要費用的證明文件）；存摺影本者，不予認可。若所提出之存款證明為親屬所有，則請另加附可證明雙方關係之三個月內的戶籍謄本正本

10.**其他自我推薦之文件影本**：並非絕對必要。例：日本語能力檢定合格證明、日本語學校修了證明書、日本文化或技藝方面相關證書等，可自我推薦之相關文件。

11.**護照影本**：護照正本在繳交文件時需一併帶來。相片資料頁（含簽名欄頁）要影印。若曾取得日本簽證、曾入出境日本等，其相關之各頁也請全部影印提出。

填寫簽證文件的小細節

✱ 所有文件請以黑色原子筆書寫。

✱ 所有相關文件，請務必用白色、無花紋之上等紙，單面
　印刷（有顏色之紙張、感熱紙等皆不可使用）。只有申
　請書可兩面印刷。

✱ 所有文件，請務必以A4大小紙張提出。

✱ 提出申請時，請依上述【所需文件】之順序排列。

✱ 簽證申請書、履歷書、調查表、理由書、計畫書之用
　紙，可從日本在台交流協會的網站下載，或親自至協會
　索取。

✱ 履歷書、調查表、理由書、計畫書的申請資料，可以使
　用電腦打字書寫。但是簽名欄上請本人一定要親自手寫
　簽名。

✱ 受理申請後，文件將不會退還。

 簽證費用

　　簽證費因匯率調整關係，故每年皆有所不同，基本上
由新台幣1100元上下微幅調整，實際費用以每年4月後網站
上公告之費用為準。

 領證手續

領證期間：2013年申請者

　　　　　第一期：2013年6月17日（一）～2014年6月17日（二）

　　　　　第二期：2013年12月16日（一）～2014年12月16日（二）

2014年申請者

第一期：2014年6月9日（一）～2015年6月9日（二）

第二期：2014年12月8日（一）～2015年12月8日（二）

審查通過後領取簽證所需文件

（一）本人領取

1.申請人護照正本

2.受理領證憑單

3.簽證費用

4.已加入保險的相關證明（正本及影本）

（二）親屬代領

　　除上述（一）資料外還需：代領人身分證正本及雙方關係證明文件，例如戶籍謄本

（三）友人代領

　　除上述（一）資料外還需：代領人身分證正本及本所制式委任書正本（須由申請人填寫）

　　日本打工度假簽證的申請內容除了領證費用每年調整外，基本上變動不大，但請讀者申請及領取簽證前，還是務必再次確認網站之最新情報，並以網站上公告為準。

保險

　　保險的相關證明須包含在日停留期間，萬一死亡、受傷、生病之相關保險，投保金額並無特別限定，只要領取簽證時能確定已入保即可。

 ## 申請簽證小撇步

1. 繳交文件前一定要仔細確認所有文件是否備齊、資料是否有漏填、影印是否清楚、簽名是否有簽到等，並按順序排好，**事務所的收件小姐只負責收件，不會檢查你漏繳什麼文件，也無法事後補繳**，所以一定要仔細確認清楚。

2. **各項文件一定要由申請者本人書寫**，不可以抄襲或他人代筆。

3. 打工簽證的審查重點：除了基本資料是否完整外，影響審查結果是否通過的**最重要的兩項文件就是調查表、理由書和計畫書**了，尤其是理由書和計畫書是令最多人感到困擾的部分，其填寫要領將在下一章節詳加討論！

4. 最後要注意的是，**申請打工簽證成功並不代表已經找到工作，事務所也不負責替大家找工作**，師父領進門，修行在各人，在日本找工作還是得靠自己喔！

打工度假理由書和計畫書撰寫之教戰守則

　　申請打工度假簽證，只要照規矩來，資料備齊，沒有詐騙之嫌，十個有九個幾乎都會通過。讀到這裡你可能會想，既然這麼容易過關，那其中一個沒通過的究竟怎麼回事？我曾經跟幾位簽證沒通過的申請者談過，深入瞭解究竟是哪個環節出了問題呢？原來秘密就藏在理由書和計畫書裡！

　　撰寫理由書和計畫書最關鍵的重點，並不是內容要寫好幾頁或文筆詞藻優美才能通過，最重要的就是：**千萬不能讓審查官覺得你只想要去日本打工而沒有度假的行程規劃！**

　　想必讀者腦中一定又出現「登愣」的聲音：什麼?!明明就是申請日本打工度假簽證，為什麼不能說我要去日本打工？

　　這就是申請打工簽證的玄妙之處，還記得前一章節日本打工度假的定義嗎？讓我們再複習一次，然後拿出螢光筆畫重點起來吧，「打工度假……（略），為提供台灣青年能有體驗日本文化及日常生活方式之機會，認可其在期限最長為一年之度假期間，**為補旅費之不足，而從事打工活動的一種制度。**」這樣看下來，您了解重點了嗎？重點就是：**日本交流協會同意讓你打工，是希望你將打工賺的錢花在日本的旅遊玩樂上，並不希望你只來賺日本人的錢回台灣。**

換個角度想，若你是審查官，收到一份外國人的申請書，上面寫著：我想要來台灣打工賺錢回家，你會在上面蓋通過章嗎？台灣人自己在台灣賺錢都不容易了，外國人還要來搶台灣人的飯碗，怎麼可能會讓你來？

日本審查官認為：你若是來工作，就應該申請工作簽證而不是打工度假簽證啊。所以，提醒大家：**在調查表內其中一題：「您主要的赴日目的為何？」也請千千萬萬不要勾選「□打工」這項，以免審查無法通過。**

你的理由書可以寫得五花八門，計畫書可以寫得洋洋灑灑、充實豐富，就是不能讓審查官覺得你只是去日本打工賺錢的，應該把重點放在旅行度假這部分，打工的篇幅簡單帶過就好，這樣才容易過關。審查通過之後，日本交流協會並不會再一個個仔細追查大家在日本到底打了什麼工？有沒有照計畫去度假？所以，為了得到這張通往日本境內一年打工度假的入場券，還是謹慎掌握審查重點的寫份以「度假為主、打工為輔」的理由書和計畫書，打動審查官們的芳心吧！

🌸 理由書的書寫重點

一開始可稍微介紹自己個人基本資料，接著再分點詳述：為什麼想要去日本一年打工度假的理由。例如：申請觀光簽證也可以去日本度假旅遊三個月，為何要選擇打工度假而不是觀光簽證？日本哪些地方吸引你？或是為什麼喜歡日本的理由等等。

計畫書的書寫重點

　　先在開頭賦予自己未來這一年的日本計劃一個主題或目標名稱，例如：古蹟之旅或是祕湯之旅等等，接著再分段規劃整年的行程或想完成的旅遊目標。此外，理由書跟計畫書的撰寫內容雖不求多，但至少也要撰寫兩頁以上較佳。

　　以下就附上我申請日本打工度假簽證時所撰寫的理由書和計畫書，謹供大家參考。

日本秋天的紅葉，美得令人驚艷。

理　由　書（希望利用打工度假制度的理由）

　　我是○○○，○○歲。今年○月於研究所畢業。自從2009年開放打工旅行之後，熱愛日本的我就決定有朝一日一定要去日本申請長期旅行，深刻體驗日本悠久的文化與風景的美好，以下幾點是我選擇日本打工旅行的理由。

一、時時召喚我的日本魅力：

　　我從小就很熱愛日本文化，也很愛看日劇、愛聽日本歌，曾跟團到過東京、大阪、沖繩、北海道等地旅遊，但每次都只能走馬看花，無法深入體驗日本生活，覺得非常可惜。希望藉著此次打工度假機會，能夠長期旅行，更深刻的體驗日本風情。

二、讓我更獨立的人生挑戰：

　　在異國生活一定會面對許多在自己國家不會碰到的問題與挑戰，我希望藉由打工旅遊的方式，多磨練自己，訓練自己獨立思考與解決問題的能力，同時也藉此多認識日本朋友、提升日文聽說讀寫的能力，並促進台日兩國交流，拓展國際視野。

三、各地名勝古蹟朝聖：

　　日本的悠久歷史一直是我非常景仰的，尤其是在看了《篤姬》、《龍馬傳》等大河劇之後，更是大受感動，所以希望夠在旅行期間，實際走訪一趟著名的寺廟、古蹟與博物館，親身感受日本歷史的深度與廣度。

四、美食、營養領域再昇華：

　　我擁有○○證書及○○執照，剛從○○大學○○研究所畢業，期望學習日本的營養衛生及精緻、健康餐飲理念，將中華料理的精華也介紹給日本友人，讓日本人更了解台灣的可愛之處。若能成行，必是我人生最美好的回憶之一。

目前可以申請打工度假的國家很多，但唯獨日本對我來說，是最吸引我，也是最想要體驗異國生活的國家。一年的打工度假不但可以讓我親自體會日本的生活、感受日本的脈動、享受當地獨特的人文風情，也能讓我充分感受到日本四季變化之美。懇請給我這個機會，讓我能夠到貴國打工度假，一圓我的日本旅遊夢。謝謝。

計　畫　書（希望利用打工度假制度的理由）

這一年我將以旅行為主、打工為輔，並藉著打工度假的機會，進行一趟「關西之旅」作為我旅行規劃的重點。我計畫在日本東京郊區溫泉飯店邊打工邊度假並加強日文、適應環境，之後再旅行各地體驗日本文化。尤其是日式餐飲烹調、營養健康觀念等是我學習觀摩的重點。

在日本的一年期間，我將規劃為三個時期：

一、2012年1月～5月迎春賞櫻期：

這期間是日本黃金假期，也是飯店和餐飲業最忙碌的時期，是我學習餐飲管理的最佳階段。因為自己大學和研究所所讀的和食品營養相關，所以我計畫爭取日本的飯店或食品工廠等打工機會，接受日本當地職前及專業訓練，學習日本人「做就要做到最好」的敬業精神和認真態度，以觀摩日本飯店的經營管理和烹調模式為重點，並藉此機會好好磨練自己的應對進退及日文能力，深入體驗日本生活。這對我以後回台灣的營養師團膳工作絕對會有相當大的幫助。

二、6月～9月夏日祭典期：

　　夏季的日本是最有活力，也是最適合觀光旅行的季節，此時我會計畫在到居住地附近的觀光景點旅行，享受日本的夏季風情，結交日本的朋友。我也會參加各地的夏日祭典（祇園祭或是煙火大會等），並品嘗廟會小吃，更深刻認識日本風土民情的美好。

三、2012年10月～12月楓紅白雪期：

　　這三個月我打算以大阪為中心，進行歷史和美食並進的「關西之旅」。大阪在日本被譽為「吃到昏倒的城市」，故希望能夠在吃遍以前在台灣只能在電視上看而無法品嘗的各式美食；因為拜讀過日本小說《鹿男》，深深被關西的人文特色吸引，非常渴望到書中所描繪的場景一遊，9月正是楓紅的季節，我也計畫到京都和奈良，欣賞日本秋冬美景，參訪名人故居、博物館、庭園景觀等。對熱愛日本歷史的我，將是一趟收穫豐富的難忘旅程。最後在大雪紛飛的12月跟這個美麗的國家道別，結束我這一年豐富的打工度假生活。

神啊！請賜給我一份工作吧！

　　拿到進入日本國的門票後，接下來就是實戰上場的第一步：找打工的工作了！

　　不過，在進入找工作之前，我必須跟讀者們先心理建設一下，除非你的日文好到連日本人都聽不出來你是外國人，不然，外國人打工是很難找到像OL坐著輕鬆上班的工作的，而是**偏重出賣勞力的餐飲店或派遣員工等，甚至差一點的清潔打掃這些連日本年輕人都不太想做的工作才比較容易應徵得上。**

　　假若你是抱持到日本淘金存錢的美夢，恐怕實現的機率也不高，當然若省吃儉用是可以存些錢，但無法像一般人期盼的，一年存桶百萬新台幣回台灣那麼多，因為，在日本這麼高消費的國家，想要存錢真是挺困難的。

　　一般來說，在日本打工可透過兩種模式，一種是委由代辦中心幫忙仲介，一種是靠自己在網路蒐尋或親友關係介紹找工作，每種方法各有其優缺點。下面分別介紹幾個我所知道在日本找工作的管道，並簡單做個比較供讀者們參考：

✿ 委由代辦中心仲介工作

　　委託台灣的日語學習中心、留學代辦公司或是日本語言學校在台辦事處等單位仲介工作，赴日前會有懂中文的日方負責人來台灣或透過電腦視訊進行簡單的面試，雙方互相了解狀況，打工者需準備簡單的履歷資料，包括：語言程度和專長等，再安排適合工作。

優點

1. 適合日語程度不佳的人，先安心確定赴日後的第一份工作，不必擔心因日語不佳造成面試緊張，無法表達等問題，遲遲找不到工作而焦慮，等抵達日本適應後，想換更喜歡的工作，再慢慢邊工作邊找，較無壓力。

2. 赴日前就事先了解日本工作的地點、性質、薪水、保險、合約等資訊，能夠預先掌握狀況，較為安心。

3. 可省去自己找工作的時間、金錢、體力與麻煩等。

4. 打工期間，台灣代辦中心及日方語言學校有懂中文的協助人員或指導老師，仍可提供在日的應對訓練與解決任何疑難問題。

5. 大都會區之外的打工單位，通常有提供員工食宿，可省下食宿、交通的大筆費用與困擾。

6. 代辦中心或日本仲介有時會同時安排多位打工者結伴，前往同一打工單位，可互相照應打氣，更快適應新環境，打工更安心。

7. 此類工作大都會跟日本語學校合作，故部分工作在打工圓滿結束後，依各人的工作表現，還能領到由指導單位頒發的「研習

修了證書」及「工作表現評鑑書」，不僅是赴日打工學習生涯的美好記錄，也能為將來返台的求職履歷加分。

1. 在台灣需付一筆代辦或手續費（約台幣三千元不等），也有可能日本薪水每月需先扣除20%稅金及部分食宿費，比一般打工薪資略低。
2. 工作項目的選擇機會較少，較無法挑選自己嚮往的工作。
3. 一般需簽定：至少三個月的打工合約，若無故自行離職或返台，需賠償日方損失。

修了証書

蕭 文君 殿

HSIAO　WEN　CHUN

1985 年 7 月 15 日生

あなたはホテルにおける事業修習
を通じて、日本語会話の上達と日本
の文化・習慣・マナーの理解に所定
の評価を得たことを証明します。

修習科目　「日本語実習」「リゾートホテル・旅館運営、サービス実習」
修習期間　2011 年 12 月より 3 ヶ月間
修習場所　栂池高原ホテル

2012 年 3 月 31 日

有限会社　栂池高原ホテル
代表取締役

在栂池高原旅館工作後拿到的工作證明書。

🌸 靠自己尋找工作

赴日前，在台灣即可預先在網路上搜尋工作與租屋資訊，或是到日本當地先自行租屋，等生活穩定，熟悉環境後，再蒐尋打探面試工作機會。

優點

1. 不需付代辦或手續費，薪水也比透過代辦仲介來得優渥些，有些工作不會扣20%的稅金。
2. 工作項目的選擇較寬廣，可依自己的喜好選擇工作。
3. 工作時段的選擇較彈性，可挑選適合自己的時間。
4. 適合日語程度較佳的人，面試時有相當多機會展現日語實力，藉機可爭取薪資較高、較輕鬆的櫃檯或接待等工作。

缺點

1. 需抵達日本當地後才能開始面試找工作，要先經過一段找工作的過渡期，經濟壓力較大，較辛苦，不確定因素較多。
2. 工作大都不附食宿（有些工作僅提供員工餐或餐飲部分優惠），住宿需自己租屋。
3. 工作單位的背景、信譽欠缺瞭解，陷阱較多，有可能遇到黑心老闆，即使提供食宿，甚至誇口將來可代申請工作證等，年輕女子自己單身一人找工作需更謹慎小心。

以下分享幾個赴日找打工的管道

透過電腦網路

　　網路是一般打工者使用頻率最高的管道，日本也有許多提供打工資訊的網站，可以上網登錄個人的資料和聯絡方式，跟台灣的104或是1111人力銀行很像，只是，不需到撰寫自傳、履歷表等那麼完整，最主要是一定要有手機或是電話讓雇主可以聯絡到你。

　　在「背包客棧」裡，也有許多已經在日工作的台灣人、年輕朋友可互通訊息，或許即將離開可頂替他的工作、或可幫忙代為登錄已熟識老闆店家的應徵工作，也可以先去email或留言詢問等。所謂：「在家靠父母、出外靠朋友。」正是此時的最佳寫照。

　　在日本雅虎網站打上「アルバイト」搜尋，也可以找到許多介紹打工的網站，可以按「地區」或「類別」去搜尋，以下是幾個受歡迎的日本打工網站：

※アルバイト/バイト求人情報ならジョブセンス http://j-sen.jp/

※【フロムエー】アルバイト/バイト/パートの仕事・求人情報！http://www.froma.com/index.html

※アルバイト・バイト情報のバイトルドットコム｜短期の求人も・載！http://www.baitoru.com/

※アルバイト・バイトの求人情報満載！｜an（アン），http://weban.jp/

上面提供的網站內容都是日文的，下面介紹的則是中文網站部分：

※ Npoiten來日打工度假支援http://www.npoiten.com/

※ 日本打工度假互助協會http://www.facebook.com/groups/
103616929719205/

這兩個臉書社群的粉絲團，是在日打工度假的好幫手，除了提供工作、租屋資訊外，**Npoiten來日打工度假支援**也提供在日台灣人手機租借和口袋wi-fi或是及時更新最新的打工度假資訊，算是日本在台協會官方的服務網站。

日本打工度假互助協會則是在台灣打工度假的異鄉遊子們自己成立的民間團體網站，也會提供許多打工資訊互相交流，有時候也有傢俱、腳踏車轉賣或手機轉讓的資訊可以上去搜尋。

另外還有**小春網**（http://www.xiaochuncnjp.com/forum.php）。該網站主要是在日的大陸人互相交流資訊的論壇，雖然是簡體字但對於日文程度不佳的人，多少有些幫助，裡面也會提供一些打工資訊，只是，打工的地方大都是當地的中華街或是跟中國人一起工作的地方，對日語能力的提升恐怕有限。

🌸 透過求職雜誌

在各主要車站的雜誌籃通常都有免費的**求職雜誌**可以拿取，最常見的大概就是小豬圖案的townwork，townwork也有網站：http://townwork.net/，可以依上面的資訊，找到自己想要的工作，再打電話去詢問。

🪶 透過派遣公司

除了一般打工外，也可透過日本的派遣公司仲介短期的打工，不過，想要用這種方式找打工的人，手機不只要能打電話，還要有收發e-mail的功能。

要透過派遣公司找工作，首先，要先在網路上登記參加說明會時間，然後到該公司參加簡單的工作說明會（免費，只是單純的說明工作內容的進行方式），去的時候不用穿得太正式，衣著可以輕鬆簡單，不要穿得太隨便就好，須攜帶筆記本、筆、外國人登入證、護照前去（有些會要求攜帶銀行帳號和印章），然後在表格上填寫：基本資料、聯絡方式等，接著，會為你當場拍照，並做簡單的訪談，之後，就可以在網路上登入，成為該公司的會員，以後，從網站或打電話詢問工作職缺即可。

不過，派遣公司有個缺點，就是你必須要經常「主動」跟該公司聯絡，而且，出發去工作、到達工作地點、工作結束離開時，都要用手機發送郵件，跟派遣公司回報，工作也大多偏向勞力的工廠加工，或是包裝之類，例如：幫忙折&夾廣告傳單、在工廠包裝巧克力，甚至在UNIQLO工廠監看網購訂單，推著大推車取送貨，整理商品等。總而言之，工作內容琳瑯滿目，什麼都有，也算是人生一種很特別的工作體驗。

日本的派遣公司，林林總總，種類很多，也有專門介紹餐廳或是鄉下郊區旅館工作的派遣公司，像我在長野和箱根溫泉飯店打工，就是東京的語言學校透過plando這間專門以仲介旅館打工為主的派遣公司找到的。以下提供兩個派遣公司的網站供參考：

※リゾートバイト，http://www.rizoba.com/
※世界最大級の総合人材サービス ランスタッド，
　http://www.randstad.co.jp/

🪭 職業介紹所

　　「職業介紹所」也是在日打工度假者經常使用的求職媒介之一，就是到各縣市的HOLLO WORK詢問職缺，可利用介紹所內的電腦，搜尋自己想要的工作，並列印下來，然後，由介紹所的工作人員替你打電話洽詢工作。

　　這種找工作的方式，也很適合語言程度不夠好的外國人，只是，在介紹所排隊等候的時間比較長，且介紹者態度好壞差很多，因為工作人員大都是日籍人員，有些比較親切的，會依你列印下來的工作，每份都替你打電話給老闆，甚至幫你跟老闆說好話，讓你獲得試用的機會；不過一看你日語程度不好（或看你是外國人），就連電話都不願意替你打，碰釘子的情況也不少，只是，仍不失為一個求職的好管道。
※ハローワークインターネットサービス，
　https://www.hellowork.go.jp/index.html

🪭 其他打工管道

　　另外，也可以到大街小巷走走看看，主動尋問想要應徵的店和餐廳，看看門口有沒有張貼徵人海報，或跟GUEST HUSE的朋友混熟後，請朋友幫忙介紹，盡量找類似：松屋、吉野家或麥當勞之類的連鎖餐廳應徵，願意聘用外國人的機率較高。

神啊！請賜給我一個好窩吧！

有了工作之後，在日本的生活問題算是解決一半了，接下來就是要找個可以遮風避雨的地方。

其實，找地方住並不困難，雖然，很多人都說：在日本租房子，要先付禮金、押金，甚至要保證人等等，一大堆有的沒的。感覺一開始，到日本什麼都還沒買，光租個房子就已經先花掉十幾萬日幣了，好嚇人。

在日本租屋，剛開始，的確要繳很多費用沒錯，不過，上述所說的租屋方式，大部分都是針對長住日本的外國人或日本人租用的，租屋手續比較麻煩。短期一年租屋的話，**月租公寓或GUEST HOUSE還比較適合打工度假的人**，這些房屋物件入住，只要單純按月付租金，不必再繳禮金、押金等，房子的形式有：附衛浴、廚房的套房、不附衛浴、廚房的雅房（以雅房居多），租金依房子新舊或是交通便利性及所在地區而有所差別，像同樣大小的房子，大阪就比東京便宜，鄉下就比都市便宜等。

🌸 月租公寓

　　所謂「月租公寓」就是提供給留學生或上班族或外國人短期唸書、出差跟打工度假等，以「週」或「月」為單位，來計算房租的公寓，最有名的就是leopalace21連鎖租屋公司。

優點

1.leopalace21租屋公司在台北也有服務店面，可直接當面諮詢預約，了解情況，便利性最佳。

2.有中日英文翻譯對應人員服務。

3.租屋有專人管理，通常房屋較新且清潔程度較佳。

4.附設家俱齊全。

5.若要長期居住，也可從月租改成長期租貸的方案

6.房間多為套房型式（也有提供2～3人的房型），有廚房衛浴等設備，不需與陌生人共用。

7.入住前，網路電視都已配置完成，不需另外找業者申請。

8.遍布日本各縣市，都有房屋可租貸，且市區佈點多，交通方便。

缺點

1.租金較高，單人套房月租金約5萬到15萬日幣（依區域不同而有別），建議：兩人以上合租較划算。

2.較無彈性，須一次付清要住月數的房租（月付制需到日本才能辦理，且要有保證人，且月付制，水電費需再另繳）。

3.雖不需要押金、禮金等，但依房型不同，可能需另付清潔、網

路和鑰匙費等等，雜七雜八的費用沒有包含進去。

4.大多為單人套房，沒有同房室友，較難認識到新朋友。

租屋網站介紹

※ leopalace21月租公寓，http://tw.leopalace21.com/

※ Weekly Mansion Tokyo，http://www.wmt.co.jp/tw/index.html

GUEST HOUSE

　　GUEST HOUSE很像我們俗稱的「周租（月租）公寓」，只是，這類房客大都是外國人，規劃多為雅房，租金比月租公寓更便宜，適合預算有限的人。

優點

1.房租便宜，單人套房月租金約3萬到6萬日幣（依區域不同而有別）。

2.不須一次付清要住月數的房租，可按月或按周付租金。

3.不需另付房東押金、禮金；房租已包含：水電、網路、清潔費等。

4.因大多為外國人租住，故多有中日英文翻譯對應人員。

5.能在網路上看到房屋現況的錄影短片或照片、了解空房情形並預約訂租。

6.附有簡單家俱、寢具、廚具、冰箱、洗衣機等，有的甚至免費提供或可租借自行車。

7.入住前、網路、電視已配置完成，不需另外找業者申請。

8.認識外國朋友的機會多，適合喜歡熱鬧的人。

缺點

1.部分租屋須使用信用卡預付訂金。

2.雖有管理員，但房屋通常較舊、且公共空間清潔維護較差。

3.房間多為雅房型式，需與多位室友共用：廚房、衛浴等設備、且需自行維護公共空間的清潔衛生。

4.房屋地點多在都會的市中心或觀光區，郊區或外縣市佈點較少。

5.出入較為複雜，安全上較需注意。

　　GUEST HOUSE在日本非常多，以下提供讀者幾個GUEST HOUSE的租住網站，大家也可在「背包客棧」或「批踢踢留學版」上搜尋，有時還會有：「徵求室友」的資訊張貼，若不介意與他人同住或想省錢的人、也可上網找找看：

※ 國際交流協會，http://www.borderless-tokyo.com/

※ oakhouse東京租屋，http://www.oakhouse.jp/cn/

※ Sakura house，http://www.sakura-house.com/tw/

※ XROSS House，http://www.x-house.jp/

※ KHAOSAN ANNEX，http://www.khaosan-tokyo.com/tw/annex/

※ TRUCKS Guest House in Osaka JAPAN，http://guesthousedayroom.com/

其他國際青年旅舍

※ 旅社預定網，http://www.chinese.hostelworld.com/
※ Borderless house，http://www.borderless-house.com/

 ## 打工附食宿

　　打工的地點若是選擇偏離都會市區的觀光溫泉旅館，因交通不便，通常會一併提供食宿（或有員工餐廳），像我在長野跟箱根的工作都是住在旅館提供的宿舍，甚至箱根的宿舍就跟飯店客人住宿的房間等級，幾乎是一樣的，只是住在最高層，屋頂是斜的，此外，房間的床、電視、衛浴設備等，都跟一般房客住宿的房間沒什麼差別，算是非常幸運。

　　若能找到附食宿的工作，能深入體驗當地生活的話，是很不錯的省錢選擇。只是，最大的缺點就是：這些工作的地點往往地處偏僻，休假時想要去市區遊玩，較不方便。宿舍的優劣、有無網路也隨雇主的提供，有很大差別。

　　此外，前面提到的「Npoiten來日打工度假支援」、日本最大民宿網：じゃらん等，也有提供月租套房的資訊，只是，物件不多就是了。

　　若是先唸語言學校再打工，或是邊唸語言學校邊打工的話，可以選擇學校提供的宿舍，租金一個月大約三萬到五萬日幣不等，大都已包含水電網路，因居住者都是學生，且有校方管理，衛生和安全上較有保障，甚至也有學生食堂提供便宜的

大阪西城區的GUEST HOUSE民宿門口停滿房客的自行車。

大阪西城區的GUEST HOUSE
民宿一樓共用的客、餐廳兼廚房。

大阪西城區的GUEST HOUSE單人
房只有三疊榻榻米的空間。

餐點。缺點是：學生宿舍往往房間較狹小，尤其是東京市區的宿舍，或有要跟室友同住的情形，入住前可跟校方要求先看宿舍照片，以確認是否可以接受學校宿舍的住宿環境。

我在箱根強羅飯店跟大廚們學到的生魚片玫瑰花和白蘿蔔的雕花擺飾。

箱根強羅飯店提供的員工宿舍兩人房，跟一晚六千日幣的客房一模一樣，還可天天免費泡湯，享受超高級。

25kg行李箱的打包秘訣

赴日一年中，行李箱將是你最重要、陪你一起在異鄉奮鬥的親密夥伴，行李箱的挑選很重要，材質要輕要堅固耐用又有附輪子為佳，好拉好提才能減輕負擔。

攜帶的物品越齊全固然越好，但航空公司的行李重量都有限制，因此，要怎麼準備才最經濟實惠？就是一門學問了。

各航空公司的行李限重

長榮、中華等航空公司飛往日本的經濟艙，一人託運的行李限重大都是20公斤，手提7公斤，我訂購的是中華航空的來回年票，規定也是如此，不過因為我有**事先加入中華航空的華夏會員，行李就可以多帶五公斤**，可別小看這五公斤，可以多塞好多東西，讓我剛開始在日本的第一個月，幾乎不需要再添購什麼。所以建議大家，可以先去要搭乘的航空公司網站上免費登入會員，就可以優惠多帶幾公斤的行李，回國時也可以多帶點土產、戰利品回來囉。

每家航空公司的行李限重都不太一樣，尤其是廉價航空的限重限制更嚴格，所以在訂機票前，別忘了再次確認行李的限重喔！

至於手提行李限七公斤的部分，在通過海關的時候，並不會限制得太嚴格，因我是十二月中旬冬季出發，我便把厚重的衣服、長版羽絨大衣和雪靴穿在身上（海關總不好意思叫你脫光吧），筆記型電腦也一起隨身攜帶，還提了一個登機小行李箱。光是電腦就兩、三公斤了，登機箱裡塞了衣服、相機和化妝品之類的，想當然爾一定超過七公斤，並沒被要求拿出來，所以手提七公斤是可以稍微偷吃步的。

　　其實，在機場check in的時候，稍微跟空姐盧一下，說你是要出國留學或打工度假的，行李超重一兩公斤，空服人員也會睜一隻眼閉一隻眼的讓你通過託運，只是要碰運氣；若搭日系航空公司或是廉價航空通常都是照規定來，尤其是廉價航空（譬如樂桃或捷星航空公司），機價已經便宜了，通常不會通融，只要一超重，航空公司就會加收很多錢。所以，還是事先在家用體重計測量一下比較保險，避免被罰錢或在機場還要打開行李箱，行李拿進拿出的很辛苦。

🌸 塞行李的小撇步

　　很多人整理行李的時候，最苦惱的就是不知道什麼該帶？什麼不該帶？整理到最後的下場，就是這也帶，那也帶，連行李箱都關不起來，我建議可把握兩個原則：

1.攜帶東西的量，以能滿足在日本前一兩個月所需即可。
2.在日本買不到，或是台灣跟日本價差很大的東西才帶。

❀ 日用消耗品

日本購物很方便，藥妝店商品種類多，因女性保養品化妝品大都瓶瓶罐罐，很重又不能壓縮，常會因飛機起降氣壓不同而流出來，所以，建議只要攜帶少量，約一個禮拜份就好，除非有特定非用不可的品牌，不然，衛生消耗品盡量在日本當地購買即可，不必為了帶液體類的物品，又花好多錢補行李超重的費用。將超重的罰金省下來，都可以在日本藥妝店買很多化妝品了。

日本空氣乾燥，護唇膏、護手霜、保濕乳液不可少，若真想省錢，我建議：可以**攜帶快使用完的保養品瓶裝空罐去**，因為日本的沐浴乳、洗髮乳或乳液，甚至卸妝油都有補充包，有時候，**補充包跟瓶裝的價差差蠻多的，可以在日本買補充包回來填裝就好。**

❀ 服裝衣物

日本四季分明，可以「季」為考量攜帶單位，先帶當季要穿的衣服就好，春秋兩季所需的衣服大致相似，因冬季常下雪，可先在台灣購買一組保暖羽絨衣及防滑的雪鞋，其餘不足的，到日本趁折價時再添購。

提醒大家：記得務必**攜帶兩件長袖白襯衫、黑長褲和黑皮鞋，在日本找工作時**，不論面試或在餐飲速食店打工，都很萬用，衣服或毛巾類可放入抽氣壓縮袋（在超市或是39元商店有

賣），以節省空間，但缺點是萬一沒有吸塵器，可能造成打開後塞不回去的窘境。建議可把衣服一件一件攤開來，整齊堆疊鋪放在行李箱裡，這是最節省空間的放法。

畢竟要在日本生活一年，帶去的東西盡量以耐用實穿為主，尤其**一雙耐走好穿的鞋子（最好還能防水）很重要**，其他像是：隱形眼鏡和個人藥品等，在國外購買比較麻煩的物品等，也是優先放入行李箱的選擇。

🌸 日文書、旅遊書、電腦、翻譯機

赴日前很困擾我的問題就是：要不要帶日文教材去自修？因為日本書籍昂貴，且一般語言學校所使用的教材跟台灣一樣，在台灣購買，便宜很多。但是，**除非要念語言學校，我的建議是：通通不要帶，只要帶筆記型電腦去就好！！**

因為這些教材資訊，只要有電腦有網路，就有網路字典，通通查得到！

雖然我當初還是帶了兩本日文教材去，但事實證明：除了第一個禮拜我有翻開來看外，此後300天，就再也沒翻開過了……，所以，我的建議是：頂多帶翻譯機去就好，多采多姿的打工度假生活，會讓你忙到不想、也沒時間翻書的。

至於**旅遊資訊，只要到當地車站的遊客訊問處，就會拿到更多更新的地圖和DM簡介**，所以，若是行李箱已經爆滿，就先把這些笨重的書籍都拿出來吧！

伴手禮紀念品

　　到日本後，陸續會認識許多外國朋友，**建議可以準備一些台灣的風景明信片、吊飾、書籤或是鳳梨酥、有台灣特色的泡麵等**，當作送給一起工作的夥伴或新朋友作紀念，禮輕情意重，也可替台灣做宣傳。

　　自己住在台灣時，可能覺得這些小東西沒什麼特別，可是，就像我們收到外國寄來的明信片，感到很新奇很珍貴一樣，多準備幾份準沒錯！！

 ## 實在裝不下，就考慮海運吧！

　　若不管怎麼篩選，最後行李還是超重的話，可以考慮海運，通常最慢一個月就會寄到日本了，若在出國前就已經知道自己要住的地方，可以將部份物品以海運寄到日本，不過，要注意的是：台灣海運到日本和日本海運回台灣的價錢不一樣，當然是日本寄回台灣的費用貴很多。在台灣的海運費，郵局也比其他快遞公司便宜些。

　　台灣郵局寄往日本的水陸包裹以三十公斤重量為限，重量不逾一公斤為四百元台幣，每續重一公斤則加三十元台幣。

該帶多少現金？

　　因為每個人的生活花費不同，我的建議是：先計算自己在日本一個月的日常開銷，**帶去的金額以沒有工作的前提下，可**

以維持三個月生活的管銷，再多加個三到五萬日幣為主。

　　若是透過代辦中心或在台灣就已經確定日本工作或工作有包含食宿的話，大概帶兩個月份的日幣現金去就可以了。

　　也可以帶信用卡或在台灣的銀行（例如：中國信託等）開立外幣帳戶，遇到緊急狀況時可以使用。不過，並不是每家銀行都有提供外幣帳戶服務，而且可能手續費高昂，使用前請至銀行確認。

　　最後、附上我去日本時、使用的「攜帶物品檢查表」給大家參考，空白處也可以填入自己要帶的物品，不要遺漏囉！

好朋友遠從台灣寄來珍貴的鳳梨酥和泡麵，收到故鄉禮物的那一刻眼淚都要掉下來了。

日本的UNIQLO不但好看好穿，且無時無刻都在大特價！

赴日攜帶物品檢查表

確認 打✓	物　品	確認 打✓	物　品
必備重要物品			
	護照（已貼簽證）		手提電腦（&傳輸線）
	護照影本		大頭照（履歷或護照遺失用）
	機票		印章（開戶用）
	日幣（美金或台幣）		信用卡
	手機&充電器		工作或住宿資料
	相機&充電器&記憶卡&讀卡機		日本譯本駕照（換日本駕照用）
醫藥品			
	感冒藥		暈車藥
	綜合維他命		女性生理用品
	隱形眼鏡（&生裡食鹽水）		蚊蟲叮咬藥
盥洗用品			
	洗面乳		沐浴乳（肥皂）
	洗髮精		潤髮乳
	牙膏、牙刷		卸妝油
	保養品（護手霜、乳液）		化妝品
	毛巾		洗衣粉
	手帕、衛生紙		整髮用品
	牙線		

確認 打✓	物　品	確認 打✓	物　品
衣物、鞋			
	外套（羽絨衣、風衣）		白襯衫
	黑長褲		上衣
	長褲、短褲、裙子		內衣
	內褲		襪子（保暖襪、褲襪）
	睡衣		圍巾
	衣架		泳衣
	黑皮鞋		鞋子（靴子）
	拖鞋		帽子
其他雜物			
	翻譯機（&充電器）		可折疊收納帶子或背包
	雨傘		筆&筆記本
	指甲刀		鬧鐘
	保溫杯		眼鏡
	台灣的紀念品		

有「圖書館拉麵」之稱的一蘭拉麵，濃厚的湯頭令人回味無窮。

在箱根看到的日本之心──富士山，襯著粉紅夕陽，威嚴的富士山感覺
都少女了起來！

【日本生活篇】

生活大小事看這裡！

　　抵達日本的第一個月，最重要的是辦理：在留卡、健保、銀行開戶和申辦手機，光是這些就夠你暈頭轉向了，在此簡單的說明申辦過程，供讀者們參考。

 在留卡

　　在留卡就像你在日本的身分證，因為我們並不是日本的國民，但，又需要有辨識身分的證件，所以在日本的這一年當中，就需要在留卡做為身分證使用。這個證件非常重要，**舉凡要辦理手機、銀行開戶等，都需要這張證件**。2012年之前，使用的是**外國人登錄證**，現在，外國人登錄制度已廢止，全部統一改成在留卡了。

　　如何領取在留卡

　　從2012年7月9日起，**憑著護照上的打工度假簽證由成田、羽田、中部或關西機場入境時，入國審查官就會在你的護照上加蓋「上陸許可章」，並發給一張在留卡**，這張在留卡就是你在日本的短期身分證。之後，只要**兩週內**攜帶這張在留卡到居住地的**市區町村役場**（類似我們的區公所），**申報居住地**即可。

但、若是由其他機場及港口入境時，入國審查官則不僅在護照上加蓋**上陸許可章**，還會在旁註記「在留卡日後交付」的說明，同樣的、也是在入境後、於確定居住地後的14日內，到當地的市區町村窗口申報居住地，等待在留卡製作完成後，才會由**地方入國管理局**寄送給你。

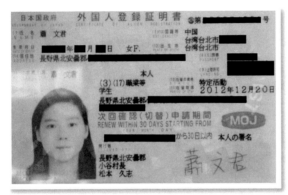

打工者在日本的身分證：在留卡

🎏 在留卡的好處／打工期間返台重要手續！

以往，採用外國人登錄證時，**若在打工度假這一年期間，需要往返台灣和日本時，都要辦理再入國許可**手續，但，現在改為在留卡後，不需辦理再入國許可手續，就可以自由進出日本。

而且，以前使用外國人登錄證辦理出境，再入境時，要再繳一筆申請「再入國許可」的費用，現在使用在留卡後，也不必再繳費了，只要**記得在機場辦理出境手續時，向機場服務人員拿取外國人使用的出入境表，在「外國人再入國」那欄打勾，並填寫詳細資料後交出即可**。

若出境時未提出此表格，則打工度假的在留資格也將隨著你的離境而結束，這點務必要注意。

　　另外，擁有在留卡才能夠在銀行開戶頭及申辦手機，所以，抵達日本後，還是先快快把在留卡辦好，不然，很多事務都無法接著進行，會礙手礙腳的喔。

備註：

以上「在留卡」相關資訊，取自日本法務省入境管理局，

http://www.immi-moj.go.jp/newimmiact_1/zh-TW/index.html

及日本在台交流協會事務所網站，

http://www.koryu.or.jp/taipei-tw/ez3_contents.nsf/Top

最新資訊以上述網站說明為主。

🌸 申辦健保

　　健保的申辦跟在留卡一樣，要到當地的市役所辦理，你可以在申請在留卡時，跟市役所的承辦人員提出一起辦理健保的申請，幾天後，市役所就會將保險證和繳費單寄來，再去郵局繳健保費就可以了。

　　不過，保費的部分，學生跟非學生身份的金額不同，居住地不同也會有差別，非學生身份大約一個月3000日圓。

　　也許有些人覺得健保可辦可不辦，想省下這筆錢，不過，人在國外，會遇到什麼事？真的很難說，更何況，申辦手機和銀行開戶也可能會用到，還是辦健保比較有保障。

🌸 銀行開戶

到日本打工，沒在銀行開戶，薪水就不能入帳。

基本上，銀行開戶要準備的資料跟在台灣差不多，需要的文件有居留卡、護照、印章等，開戶並不難，不過，日本法規有個讓人頭痛的地方，就是為了怕有人洗錢，所以規定外國居民需居住滿六個月以上才能開戶！

登愣！聽到這裡，可能會有讀者想摔書吧，打工最多只有一年，要住滿六個月才能開戶？這要叫剛去日本的外國人怎麼辦啊？

請先不要急著開罵，這雖然是規定，但，有很多郵局跟銀行都會通融的，大部分的行員只要你證件備齊，都會讓你開戶，不過，若是遇到比較一板一眼的辦事員無法通融，除了口頭說明你的情況外，建議你：可以**亮出健保卡，給他雙證件，就容易通過了**，或是**選擇大的連鎖銀行**，例如：郵局或みずほ銀行、三菱東京UFJ銀行等，不要挑選地區性的民間小銀行，就比較容易核發通過。

如果還是不行，**若是已經找到工作的話，還有一招就是拜託你的日本老闆或日本同事帶著你去開戶**，有當地人陪同會比較容易開過喔！

像我就是由長野栂池飯店的老闆娘帶著我們一起去開戶，起初我聽聞一些打工度假的前輩們提及，第一次開戶有被銀行打槍的案例，覺得很慌張，不過，實際去辦的時候，行員都很客氣，沒特別刁難，表格上看不懂的地方，承辦人員也會慢慢

仔細的說明給我聽，流程幾乎跟在台灣辦理帳戶一樣，只有差別在內容都是日文，所以我想：各位讀者應該都可以順利辦好的。

另外，要注意的地方就是：日本的提款機並不是24小時開放的，日本的提款機都設置在銀行或郵局裡面，所以下班後，鐵門拉下，你當然也提不到錢，有些地方，假日也只有禮拜六早上會開放半天。

不過，東京等大都市大部分提款機都開放到很晚，周六日也能提領，禮拜一到五即使晚上九點還是可以提錢，但並不是全都24小時開放，真的急領就只能去便利商店了，但手續費約100～200日幣，要注意喔！

申辦手機

日本相較於台灣，電腦比較少使用，反倒是手機的使用非常普遍，找工作、打工、連絡溝通都是用手機傳郵件連絡，因此手機也是在日本打工度假最需要的東西。

在日本申辦手機並不難，日本手機公司最大的兩家就是Docomo和softbank，網路上也有各種手機話費方案和機型，只要決定好電信公司，帶著在留卡、健保卡、護照、印章、存摺等，資料填妥後，想辦什麼樣的手機都可以，但難就難在方案的選擇。

在日本辦手機的合約跟台灣一樣，都是綁約兩年，不管選擇的資費是多少、離解約還差幾個月，違約金都是9000多日幣起跳，若不是計畫在日本居留超過兩年以上，被扣違約金是很

不划算的。可是打工度假的人最多只會在日本停留一年，該怎麼辦呢？建議可以**上網到批踢踢的日本留學版、背包客棧的日本打工度假版**，或是臉書的日本打工度假互助協會找文章，上面有很多要離開日本的其他打工度假者要轉讓門號跟手機。

但是，**門號轉換需要一筆轉讓費約2000日圓，你可以跟對方商議平分轉讓費的方式**，轉讓是個不錯的方式，但千千萬萬記得要跟轉讓的對方索取聯絡資訊，免得下個月帳單收到時，若有問題，找不到人解決。

另一個方法就是**使用預付卡，但，可以使用預付卡的手機機型較舊**，且手機已幾乎生產，門市也常缺貨。

若你**對手機的要求只要能打、能傳簡訊就行的話**，建議可到Npoiten來日打工度假支援，以email跟該協會租手機，空機一個月只要500日幣（外加郵寄手機費用500日幣），也可以跟該協會購買預付卡，一併寄來（預付卡一張最低面額3000日幣，在便利商店也可購買），租約到期後，只要將手機寄回該協會就好，就沒有違約金的問題，手機費用只要匯款即可，非常經濟划算！

只是，**採用租用手機比較麻煩的是，開啟通話功能之前，一定要先儲值一次，儲值的金額不論剩下多少錢，三個月後就會自動歸零**，要再重新儲值。不過，手機就算沒有餘額，不能撥打了，也還是可以接收電話，這個方案非常省錢，也提供給大家參考。

現在，智慧型手機十分普遍，i phone是世界通用，所以大都沒問題，基本上，只要帶著台灣的3G手機去日本手機行，都

可以插SIM卡使用，只是，自帶手機去日本雖省了手機錢，但日本綁約的通話費會高到嚇人，讓你打退堂鼓，還不如直接購買日本手機使用。

若要購買日本手機，我建議選擇Docomo電信公司的機型，因為該電信公司的手機可以解鎖，帶回台灣還能繼續使用。

不過，Docomo公司的手機雖可解鎖，**因softbank公司有提供：限定時間的網內互打免費優惠（AM1：00～PM9：00），所以，大部分留學生及打工度假者會選購softbank公司的手機，**因此當你選購時，還是要參考你在日本的朋友群，大都使用哪家電信公司，再決定適合自己的方案較省錢。但不管選擇哪種方式，手機租約到期前若要回台灣，又找不到別人繼續負擔你之後的合約時，請務必做完解約動作再回國，也許有人會想要小聰明，不想要付高額的違約金，覺得反正回台灣電信公司也找不到我，扣不到我的錢，但這麼不負責任的行為除了造成電信公司的困擾外，情況一多也會讓電信公司對於台灣人印象很差，可能之後不願意讓台灣人申辦手機或將申辦的門檻提高。所以離開日本前請務必將手機妥善處理好，不要讓別的國家的人對台灣有壞印象。

至於網路，大部分日本租屋和旅館都有接通網路，若沒開通可能需要跟房東洽詢，若要去偏遠郊區打工，擔心沒網路設備，可以去電信公司申請口袋wifi，Npoiten來日打工度假支援也有提供按月計費的口袋wifi，可以先租借好再前往。

若是看到這裡，還有很多疑問的人也不要擔心，真的不懂，東京有些手機行也有中文對應人員可以詢問，畢竟，日本

的手機方案百百款，要全部講完，大概又可以寫另一本書了吧，而且手機的方案和款式不停在更新，選擇也越來越多，可能遇到的問題也不一樣，在此先簡單說明，讓讀者有個概念，最新資訊還是要洽詢當地手機行業者，比較容易找到適合你的手機和話費方案喔。

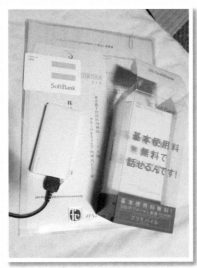

適合一年短期在日本使用的預付卡手機。

白狗是softbank的代表吉祥物，常在廣告上看到牠。

日本城鄉趴趴走

　　日本大眾交通運輸非常方便，是很適合自助旅行的國家，大都市不用說，就算是偏遠鄉下也有公車代步，甚至想自己開車都行，只是交通費常常貴得令人傻眼，以下就介紹幾種我在日本使用的交通工具和比較特別的資訊，供讀者們參考：

🏮 買套票、優惠多

　　日本大眾交通運輸讓我印象很深刻的，就是有很多搭配季節與觀光景點的**一日券車票**或公車+電車的各種組合套票，尤其京阪神地區是國際知名觀光勝地，就更琳瑯滿目，吃喝玩樂、應有盡有。像是有**新年參拜票券**、地區性的**大阪周遊券**、**大阪周末假日地鐵一日券**、**奈良世界遺產一日券**、**神戶鐵人海岸線一日券**、國家公園的有**馬六甲周遊券**、或是配合鐵路公司的**阪急一日（二日）券**等，這些票券往往會結合商店、餐廳、美術館、遊樂園等，提供門票及購物優惠，可以省下不少費用，只是，這些套票也有使用期間的限制，往往限制當天購買當天使用等，規定較多，購買前請先看清楚規則。

　　想要了解日本的交通旅遊套票與種類，可以上知名的**小氣少年的部落格**（http://nicklee.tw/index.php）搜尋，只要去日本自助旅行的人，幾乎都會上這個網站，裡面的資料非常詳盡。

至於需要最新、最即時的旅遊套票資訊，可到當地主要車站的遊客資訊中心洽詢，搭車時也可留意剪票入口處的海報、布告欄跟車廂內宣傳廣告，也常有新優惠推出。

通行全日本的JR電車，是外出旅人的好夥伴。

和台灣的平溪火車互為姊妹電車的江之島電鐵，也是著名的「灌籃高手」片頭曲的場景。

定期券&悠遊卡&腳踏車
在市區逛透透

　　日本各地的交通鐵路各自有自己的系統，東日本有關東專用的Suica卡、西日本有關西專用的ICOCA卡和申請手續較費時、但有定額乘車優惠的PiTaPa卡、九州也有自己的SUGOCA卡，若是在都市打工，需要經常通車的人，可以在車站販賣機或站長室購買**定期通勤券**。

　　要注意的是：**學生定期券**雖然很便宜，限制也很嚴格，開票前會檢驗證件，只有「正規的學生」才可購買，唸專門學校、留學生、研究生跟打工度假者也只能買一般通勤券，沒辦法購買學生定期券。

　　不過，日本的工作福利還不錯，很多都有補貼交通費，加上很多人騎腳踏車通勤，交通也蠻安全的，車子都會禮讓行人，不像台灣是人讓車，因此，強烈建議租或買一台（二手也可）腳踏車，邊騎邊逛大街小巷，樂趣無窮，還可省下很多交通費喔。

金券行折扣多

　　在大阪第一次聽到**金券行**這名稱，我還以為是賣金飾手錶之類的銀樓或像當鋪的地方，後來才知道原來**是販賣各種優惠票券的地方，少數大規模些的金券行還可以兌換美金。**

金券行是二次世界大戰結束後才誕生的行業，業者藉由向各車站大量購買約一千或五千張團體價的票券，再以略低於車站販賣機售出的價格，逐張或少量轉賣給需要的民眾，賺取其中的價差，以使用期限很長或沒限制的票券為主，例如：當地的地鐵車票和JR、新幹線的車票等。

有些金券行也兼賣展覽會或演唱會、球賽的門票，甚至還有連鎖店的麥當勞、吉野家等餐券、溫泉泡湯券，甚至啤酒券都有，金券行大都設在車站的商店街附近，若剛好經過也可以進去逛逛，能得到不少乘車優惠資訊。

金券行前面的告示牌張貼出正在販賣的各種折價優惠車票。

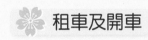 租車及開車

在日本是可以開車的，因為日本承認台灣駕照，只要你在台灣有小客車駕照，**出國前先去監理所申請駕照日文譯本。**

在台灣申請日文譯本只要100元台幣，在日本申請可要3000日幣，貴桑桑喔！在日本申請時，需攜帶台灣駕照、駕照日文譯本、護照、在留卡、大頭照、手續費，到日本的**運轉免許試驗場**申辦即可，但要注意的是：日本駕駛座大都在右邊，也有在左邊的，但比較少，省錢事小，開車還是安全第一比較重要。

夜巴&寢台列車

夜間巴士跟**寢台列車**是我在日本搭過，覺得比較特別，且台灣沒有的交通方式。

因為日本縣市與縣市之間，所花的交通時間很長，新幹線和JR雖然快又方便，但價格並不是人人負擔得起的，**若想省時間又想省錢的人，在關東與關西地區移動的時候，可以考慮搭乘夜巴或是寢台列車。**

從東京到大阪，車資只要大概3000日幣，晚上約十點至十一點間開車，清晨約六七點就會抵達目的地，而且都有隨車人員，大部分是「女性安心車廂」（整車都是女性乘客，或者若是單獨女性乘客，旁邊就會安排空位），安全上不必顧慮，車內還附有毛毯，開車時也會把燈全關掉，直到休息站才會開燈，讓乘客上廁所或買飲料、零食吃。

車廂內的設計，跟台灣的大巴士差不多，但畢竟是坐著睡，而且只要一停休息站，就會被車內的到站廣播吵醒，基本上很難睡得好。

我第一次搭乘時，睡眼惺忪的下車，上廁所時，還看到有日本女生淡定的在休息站刷牙、洗臉、卸妝，真是佩服她們！也可見她們的搭乘經驗豐富，在日本的年節和假期期間，夜間巴士是很熱門的，若是碰到假期，還是要早點訂位。

　　寢台列車也是蠻特別的一種鐵道搭乘方式，大都以往返北海道跟關東地區為主（因為北海道距離較遠），我第一次搭乘時，本來以為寢台列車跟夜間巴士一樣也會睡不好，結果一搭才發現，超「素喜（舒適）」的喔。

　　我搭的是北海道はまなす的寢台列車，雖然選到的是坐位，但位子不但寬敞，座椅又舒服，只要調整座椅，整個人幾乎可以180度躺平，我一覺好眠睡到天亮，直到終點站才醒來。

　　北海道はまなす還規劃有背包客們最津津樂道的のびのびカーペット座席，這種座席就是張小床，可以整個人躺平，還附帶棉被跟枕頭，設計超貼心，持用北海道JR的周遊券也可以搭乘，最大的優點是使用JR周遊券搭乘のびのびカーペット座席不用另外付費，但這種座席席次不多，十分搶手，只限在北海道&關東地區的JR預定座席，要到北海道旅行或從北海道往返關東地區的讀者，可以試試看，是很特別的搭乘體驗喔！

※高速バス・夜行バス網站，http://www.bus-sagasu.com/（建議加入會員，加入會員免費，且會有比較優惠的價格）

※JR北海道旅客鐵路公司官方網站，http://www.jrhokkaido.co.jp/index.html

準備搭乘夜間巴士，朝著目的地出發囉！

第一次搭寢台列車はまなす號，讓我一路好眠到目的地。

北海道的JR特急快車前面有小星星圖案。

 ## 廉價航空

目前，台灣來回日本的廉價航空，最有名的大概就是澳洲的捷星和日本的樂桃（Peach）航空了，廉價航空機票雖然便宜，但限制也多，訂位之後，通常無法退費或更換機位，機上座位較窄小，且從礦泉水到餐點等，樣樣都要另外計費。

樂桃航空公司日本國內航線在淡季或某些時段常推出特價機票，有時比搭鐵路還便宜呢，若要往返較長距離的地方，不失是個省錢省時的好選擇。從大阪來回北海道的特價機票差不多只要一萬日幣，真的很划算！

只是，樂桃是關西的航空公司，不管飛往哪裡，基本上，都要在關西機場起降，再轉往其他地點，住關西的讀者倒是可以多加利用。

※日本樂桃航空官網，http://www.flypeach.com/jp/ja-jp/homeJP.
aspx

可愛紫粉紅色的樂桃航空（Peach）是日本的廉價航空公司。

樂桃航空的空中餐點
menu，樣樣都要再
額外收費。

銅板價的購物樂趣

　　大家對日本普遍的印象是物價很高，不過，我發現便宜的好東西也不少，就算錢包只有幾個百元銅板，日子也能過得愜意自在，一點也不委屈喔。

 ## 百元商店是大家的好朋友

　　對台灣人而言，提到日本的百元商店，首先就會想到大創（DAISO）吧！不過，在**日本除了大創外，車站旁的商店街和百貨公司內，也有大大小小、不同店家的百元店**，種類豐富，除了一般的生活用品、鍋碗瓢盆、零食餅乾、文具用品以外，還有：襪子、耳罩、髮飾用品等等，店裡也會擺放季節性商品，想參加居酒屋或PUB的節慶派對，也可以去百元商店採購，雖然價格便宜，但品質不差哦。

　　百元商店是初到日本的異鄉遊子們，採購居家物品的好朋友，甚至連鎖便利商店LAWSON都還規劃好幾間**百元專賣LAWSON**呢。

　　百元商店的物品，零食餅乾類不見得最便宜，我最推薦的是文具類，價格不僅低廉，且很多文具、小東西都很精美，若是文具控或是紙膠帶控的人，很建議去百元商店挖寶。缺點就

是：不管是哪個地區的百元商店，賣的商品幾乎都一樣，逛一家大間的就等於逛完全日本的百元店了。

不過，日本百元商店雖然佈點多，但規模大小差很多，東西的齊全度也差很多，我在北海道還看到整棟五層樓的大創百元商店，逛起來十分過癮，很像在逛特價版的台隆手創館，讓我流連忘返。

藥妝店買零食餅乾最划算

百元商店雖便宜，可不代表：百元就是「最便宜」的喔！

我發現：在商店街的某些藥妝店，食品類更便宜！尤其是藥妝店門口，若放著一個個紙箱，堆放著各式各樣的餅乾，價格還用紅筆大大寫著：特價的，往往便宜到讓人跌破眼鏡，跟超市相比，每包甚至可以便宜到將近兩百元日幣呢！

不過，每家藥妝店的價格都不太一樣，同一條商店街，街頭跟街尾的藥妝店價格就可能不同，所以，若想買到最低價，還是要耐心的貨比多家多比較。

到藥妝店買零食的缺點就是：種類不齊全，想要有比較多的選擇，還是要到專賣糖果餅乾的店挑選比較方便。

去唐吉軻德的激安殿堂（ドン・キホーテ）
買生活日用品吧！

唐吉軻德店跟台灣的光南很像，吉祥物是一隻戴著聖誕帽的藍色企鵝，通常都是整棟或整層樓的商場，從藥妝、零食、啤酒到衣服、玩具、生活用品，甚至電器、鐘錶等，應有盡有。

優點是商品種類多，你想得到的東西，幾乎都可以在唐吉軻德買到，甚至連當地土產跟紀念品都有，可以一次買齊，不用東奔西找的，整棟樓逛起來很滿足，價格不貴，各地佈點也多。

缺點就是什麼商品都有，什麼都不整全，譬如：雖然有賣化妝品，但品牌種類跟藥妝店比就不夠多；雖然有賣衣服，但質感較差，價位或許不是最便宜，但也不會讓你買貴了。

最建議在唐吉軻德購買的商品是零食餅乾和洗衣粉、沐浴乳及牙膏類，價格跟藥妝店不相上下，非常便宜。

大阪道頓堀的唐吉軻德店是所有分店裡設計最特別的一家，門口有一座小的摩天輪可搭乘，號稱是全世界第一座橢圓型的摩天輪，到大阪別忘了去瞧瞧喔！

 ## 超市減價時段衝衝衝！

我覺得在日本購物最有趣的，就是超市每天的減價時段，日本有多家連鎖超市體系，在特定時間會有半價或打折的優惠，只要看到超市人員突然走出來，開始在生鮮食品或便當熟食區貼半價標籤，就會看到婆婆媽媽們往那區湧進搶購，雖然

「俗又有力」的玉出超市是大阪24小時營業的平價連鎖超市。

日本到處都有的ドン・キホーテ，是購物省錢的好夥伴。

不像電視上拍的那麼誇張，每個人都擠來擠去，只能伸出一隻手用搶的，但，手腳若不快一點，還真的是搶不到呢！

　　每家超市的營業時間不同，減價時間也不一樣，初來乍到時，想要知道各家超市的半價時段，只能問店員或是靠觀察囉！找半價時段也是有小撇步的，**通常半價時段都是在營業結束時間的前一個小時**，若十點關門的超市九點去逛，一定可以買到很多便宜美食。

　　二十四小時營業的超市，也是有半價時段的，只是，半價時段可能在清晨五點，因為當天早上，超市廚房會再重新製作新菜，此時，隔夜的便當及熟食就會特價出清，真的是早起的鳥兒有蟲吃，早起的搶購最便宜呢。

　　只要摸清自家附近的半價時段，真的可以省很多錢，雖然是半價，其實也是當天的商品，買了趕快放冰箱，儘快享用，跟一般價格的商品差不了多少，多虧超市的半價時段，愛吃生魚片的人，在日本買超市的半價生魚片壽司，保證吃得過癮！

　　若打工時間總是跟超市減價時段錯過，也不用搥心肝嘆氣，大部分超市每天都有特價日，譬如：禮拜一是牛奶日，禮拜二是麵包日，禮拜三是蛋日之類的，在特價日買特價商品，就會便宜很多喔！

❀ 「玉出超市」和「業務超市」是大阪雙讚

我在大阪住了兩個月，若問我：大阪什麼讓我最懷念，答案不是豐臣秀吉的大阪城或是燈光閃爍的通天閣，而是：**玉出超市**。

玉出超市創設最早的第一家，就在大阪玉出這個地方，因而取名：玉出，在地起家。就像台灣的全聯超商，以廉價超市作為主打特色，雖然超市外表，總是俗氣的閃著像檳榔攤一樣的七彩霓虹燈，但每次，我騎腳踏車回家時，看到那黃色的玉出スーパー看板，就覺得好安心。

玉出超市的食品，半價時段的價格，有些比台灣的超市還優惠，熟食便當的種類也很豐富，大部分都蠻好吃的，尤其是壽司捲，不輸台灣的五星級飯店水準。

業務超市在大阪難波附近設有一家，其經營策略就是：把大包裝商品分拆成小包裝，再以量販價賣給一般民眾，所以不用擔心買回來一大包吃不完，業務超市雖然小小一家，很不起眼的開在巷子裡，不過價格真的便宜到讓人跌破眼鏡，只是，生鮮食品比較少，大部分是冷凍食品居多。

こんにちは（你好）
──如何與日本人相處

　　來日本打工前，我對日本人的印象是：「眉角」很多，是很難打開心房的民族，雖然我很想跟日本人交朋友，卻擔心語言隔閡或說錯話造成誤會，沒辦法順利聊天。不過，和日本人真正一起工作玩耍後，才發現：實際上跟想的不一樣，日本人也是蠻有趣的。

 ## 多禮成習慣

　　很多人都覺得日本人太多禮，總是把「辛苦了、不好意思、麻煩您了」掛在嘴上，還要搭配不同角度的彎腰鞠躬，好客氣、好見外喔；但，其實對日本人來說，那並不算是多禮，因為，這些早已內化成日本人生活的一部分，變成一種日常習慣了，就像我們看到朋友打招呼會說：「嗨～」，道別會說：「掰掰！」一樣也不覺得有什麼麻煩的，不是嗎？只是，台灣人的表達方式比較隨性罷了，因此，我們以外國人的眼光來看，就會覺得：哇～日本人好有禮貌。

　　我剛到日本時，對於這些日式招呼也有點不習慣，不過，待久了，就覺得很稀鬆平常，甚至也被日本人同化，跟著鞠躬打招呼，尤其在搭長程巴士、客人要搭巴士時，或從旅館離開

時，或購物結帳後要離開時，服務人員或店員都會90度鞠躬或揮手目送，直到客人或巴士離開為止，這個小小舉動，總是讓我覺得感動又窩心。

我覺得所有的招呼語，最有趣的就是「お疲れ様です（辛苦了）」這句話，這是我在日本使用最頻繁的一句招呼語，一天至少會講個五遍以上，除了下班時跟同事說、和朋友道別時當「再見」用、聚會結束要解散時當「結尾語」用、平常在路上碰到同事朋友也可以用來打招呼，真是用途多多。

最讓我感到奇妙的是，連去「試衣間」試衣服出來時，店員也會跟你說「辛苦了」，我不知道試衣服有什麼好辛苦的？明明就是店員比較辛苦啊！！總之「お疲れ様です」真是太妙用了，堪稱一天使用頻率最高的會話。

🌸 喝酒後就是朋友

日本人是很愛喝酒的民族，在台灣上日文課時，我記得我的日籍老師曾開玩笑說：「日本人的血管裡，流的不是血液，而是酒精。」

來到日本後，我深刻體會到這句話真的一點也沒錯，我覺得這點跟日本人沒什麼夜生活大有關係，因為，日本的商店、百貨公司大概晚上七、八點就關門了，整條大街上，除了居酒屋和餐廳外，根本沒地方好逛，所以，大家下班後，不是去居酒屋喝酒，就是回家了，加上工作壓力大，好不容易下班，可以放輕鬆，就會習慣約同事去小酌一番，或是買罐啤酒回家

喝，而黃湯下肚，心房也跟著敞開，比較會講出心裡的話，聊開就變成朋友了，是很好的人際關係催化劑。

原本跟我一起上班的廚師們，工作時都只叫我的姓「ショウさん（蕭小姐）」，而某天，大家相約一起喝酒後，隔天叫我的時候就變成親切的「ブンちゃん（文醬、小文）」了，聽到的當下真是有點嚇一跳，甚至有點不好意思，想起以前看日本漫畫時，男主角叫女主角稱呼改變時，女生就會臉紅，以前不了解稱呼對方時從名字換成暱稱，有什麼好害羞的，現在真的可以親身體會其中的奧妙了，喝酒真的是日本人交朋友的重要關卡。

 ## 抽煙稀鬆平常

日本抽菸人口的比例非常高，女生大概十個有六個都會抽菸，而男生沒抽菸的，堪稱稀有動物，我工作時，若碰到有不抽菸的日本男生，都好想站起來給他拍手。

也因為這樣，不抽菸的人在日本反而比較辛苦，這也是我覺得日本人很矛盾的地方，一個這麼細心的民族，對於非吸菸者的權益卻不太顧慮，不僅居酒屋幾乎全都煙霧迷漫外，有些餐廳或速食店，吸菸區和非吸菸區也沒什麼玻璃門做區隔，只是把吸菸的人集中在一區，不抽菸的集中在另一區而已，餐廳甚至只要晚上營業就全面「不禁菸」。

在台灣是：抽菸的人無處可去，在日本是：吸菸的人被保護得比不吸菸的人還好，雖然抽菸者並不代表一定是壞人，但對於討厭菸味的人，在日本可能就得多多忍耐了。

🌸 真心話心裡藏

對於日本人拐彎抹角的講話方式，可能會讓直腸子的台灣人受不了，我倒覺得這是一體的兩面，因為，日本人個性比較含蓄、謹慎，怕說話太直會傷人，所以，在公開場合不太會表示自己的好惡，私底下聊天喝酒時才會說出真心話。雖然給人：溫和有禮的感覺，但，遇到該做決定時，就會讓人很困擾，明明工作時都沒什麼抱怨，可是私底下卻不滿這，討厭那的，讓人無所適從。

我的台灣和韓國室友們就曾跟我抱怨過：受不了日本人講話時吞吞吐吐，像女生一樣，明明臉很臭，問為什麼不高興？卻又不說，這種「話都藏在心裡」的個性，有時候會讓直來直往外國人摸不著頭腦，我想：除了私底下詢問或跟日本人混熟一點外，大概就只能試著去習慣了。

🌸 土下座（下跪）嚇壞外國人

最後，舉一個我在箱根溫泉旅館打工，韓國室友遭遇的真實故事作為結尾吧。

某天，早上的工作還沒結束，我的韓國室友就被櫃檯小姐叫了出去，回房間後，看到我室友悶悶不樂的回來，一問之下才知道，原來是昨天晚上，餐廳有一對年紀稍大的夫婦客人點的酒帳記錯了，早上旅館check out結帳時，客人發現帳單有誤，

結伴去居酒屋一邊喝酒聊天一邊玩UNO牌，是日本人下班時的消遣之一。

日本人愛喝酒，夏天到處都可以看到啤酒祭的促銷活動。

於是，才把前天晚上在餐廳輪班的服務生，就是我的室友及大石小姐叫去核對酒單，雖然帳務總算搞清楚，兩人也道歉了，要退還多付的酒款時，那對夫婦不知道為什麼卻不肯收下退回的酒錢，就坐在大廳椅子上賭氣不走。

我室友站在旁邊，有點摸不著頭腦，不知道該如何是好？大石小姐卻非常緊張，一直道歉，懇請客人把錢收回去，就在這個推拖的時刻，大石小姐突然「啪」一聲的就跪下道歉，也就是傳說中的「土下座」，甚至還落淚了，我的韓國室友當下愣在一旁，心想：「現在是什麼狀況？我也要跟著跪嗎？但，我在韓國，除了跟爺爺奶奶以外，從來沒跟陌生人跪過啊，如何是好？」還好，櫃檯的小姐看到，立刻過來幫忙解圍，最後，還拿店裡的土產送給客人，當作折抵客人不願意拿回的酒錢才終於解決。

因為語言隔閡，我室友沒有很明白客人不願意收錢的理由（可能覺得被污辱了之類的），但，那一瞬間的「土下座」，真的嚇壞她了，只能說：日本人在意的點，有時候真的會讓身為外國人的我們難以理解啊，若遇到類似無法解決的情況，還是不要怕丟臉，麻煩日本同事幫忙解圍比較好。

打工，不是打混

「在日本打工會不會很累、很辛苦？」我想這是去日本打工最擔心的事情之一，根據我的經驗，我覺得只要掌握下面兩大原則，一定沒問題的。

 誠懇表達，不怕挫折

剛開始在日本找打工的時候，不論語言能力多好，除非有認識的人介紹或是透過代辦仲介，不然，多多少少一定會碰釘子。

有人認為那是因為日本是比較排外，又很怕麻煩的國家，所以，不太喜歡聘用外國人，就算店門口貼著徵人啟事，當你拿著履歷進去詢問，對方也會跟你婉拒說：已經找到人，只是公告還沒撕下來等。

但我倒覺得跟國家沒關係，試想若你是老闆，突然有外國人來應徵工作，一定多少都會猶豫吧？首先，工作方面，語言不知道能不能溝通，若你簽證或工作上，跟同事因國情不同而相處有摩擦，老闆可能也不知道怎麼解決；再者，打工簽證頂多一年，工作的期間通常很短，光是培訓員工可能就要一個月，結果你做沒幾個月就要離職，當然會降低雇用外國人的意願。

這並不代表在日本找不到工作，雖然找工作需要點運氣，但只要你多方嘗試，不要太挑，面試時，誠懇表達自己的工作意願，找打工並沒有想像中的困難。最重要的是：不要害怕挫折及保持樂觀積極的態度，才是得到打工機會，順利工作的關鍵。

🌸 認真負責的心態

　　不管在日本還是台灣，正職還是打工，工作上的遵守原則，各國都是適用的。

　　打工雖是約聘非正職，但也不能有打混的心態，就算生病不能來上班，也一定要打電話通知請假，工作時不能偷懶，盡責完成份內的工作，我想沒有老闆會拒絕這樣的員工。

　　很多人說：日本人工作的時候很龜毛，要求又多。但，我在飯店打工遇到的日本廚師都很親切隨和，餐廳只要有新進酒品及食材，都不吝與員工試喝分享。

　　我覺得在日本打工跟在台灣並沒有不同，日本人其實也有輕鬆幽默的一面，我並不覺得在日本工作就比較辛苦。而且，可能因為我是外國人的關係，廚師交代新工作給我時，都會先示範給我看，確定我可以獨自完成後，才放手讓我自己做，因為我是女生，也不會叫我做太粗重或太危險的工作。

　　如果問我：日本人最重視的工作態度是什麼？我認為：是守時與負責！日本人最忌諱的就是：遲到、無故缺席及工作有問題沒有即時回報這幾點。曾有台灣來打工的年輕朋友，因為犯了以上的大忌，覺得旅館工作太辛苦，竟然只留張字條在宿

舍後就私自落跑回台灣了，讓一起工作的日本同事對台灣留下不好的印象，甚至連累到其他一起打工的台灣人，真的是讓人啞口無言啊。

至於加班的部分，基本上，在日本打工只要超過工作時間，多會支付加班費，不過，每天不可能都很準時、分秒不差的在下班時間內完成，可能會延誤個五至十分鐘，完成最後的環境整理、確認隔天人數或是廚師宣布重要事項等，在日本人的觀念裡，這是在一般的工作範圍內，是不會支付加班費的。

若是遇到黃金周或寒暑假，旅館和餐飲店往往變成「修羅場」，在裡頭打工的人忙到暈頭轉向、昏天暗地，但，等拿到那個月厚厚薪水袋的一刻，所有的疲倦也都將一掃而空了！

最後，提醒讀者們，出了台灣國境後，你的一言一行就代表著台灣，不管我們311捐多少錢震災、國家花多少錢打廣告，也不及你一個人日本工作時的表現。你工作認真，日本人就覺得全部的台灣人都工作努力；你講話粗魯沒禮貌，日本人就覺得全部的台灣人都沒水準。其實，很多日本人對於台灣事物沒什麼概念的，越北邊地區的日本人，對台灣更是陌生，你！就是決定他們對台灣第一印象好與不好的關鍵。

希望每個飛出去的台灣人不論做什麼工作，都能夠帶著榮譽感在日本工作、旅行，在箱根工作時，我才知道我和我的韓國室友是該旅館第一次雇用外國人，打工結束後，經理覺得我們工作很認真，對外國人的印象很好，以後也願意繼續雇用外國人來旅館打工，給予我們滿分的工作評價。這就是對我最大的肯定。

你表現得越好，日本人對台灣的印象也越好，以後，來日本打工度假的人也就越容易找到工作，這不就是一個很棒的良性循環嗎？所以，就讓我們用燒滾滾的台灣魂，讓日本人感受到台灣人的熱情與努力吧！

日本各地的繽紛慶典

　　在日本打工旅行最開心的，就是可以參加大大小小煙火祭典和享受日式節慶的氣氛，這絕對是短期團體旅行體驗不到的樂趣，而且不同縣市也有屬於各自風情的傳統活動。

　　若你是選擇到旅館打工，打工的時期通常也是旅館最忙碌、活動最頻繁的時候，譬如：北海道的旺季是夏天，長野的旺季是冬天，這時候也是該地觀光客最多、最熱鬧的時節，雖然旺季打工很忙很辛苦，不過能免去搭車人擠人的困擾或旺季高漲的房價，能一邊賺錢一邊享受到當地祭典的樂趣，也是打工度假的優點之一。

　　下面列出日本主要的節慶假日，供給大家作為旅行和選擇打工場所的參考，若有特別想參加的活動，可以選擇該節慶舉辦的期間到舉辦地打工，免除舟車勞頓的辛苦。

　　日本的法定節慶假日如碰到禮拜六、日，則次日會補休一天，請特別注意。

　　打星號「★」表示不放假：

節日名稱	日期	備註
元旦 （新年）	1月1日	日本過年是過新曆年而不是農曆年，年假通常會從12月29日開始放到1月2日結束。12月31日NHK電視台會播放NHK紅白歌合戰，也就是紅白歌唱大賽。 初詣：一月一日到三日，日本人會到神社和寺院參拜祈福，祈求一年平安順利。
成人節	1月第二個 星期一	日本規定20歲為成人，也是合法抽菸喝酒的年紀，此時成年的少男少女們會穿上傳統振袖、和服或西裝到神社祈禱感謝。
建國記念日	2月11日	各地神社和寺廟會舉辦慶典和活動。
情人節	2月14日	女性送巧克力給男性。
雪祭	2月中旬	北海道札幌舉辦冰雕跟雪雕展。
女兒節	3月3日	又稱桃花節，家中有女孩的會擺出宮廷人偶擺飾。
白色情人節	3月14日	男性回贈女性巧克力。
春分	約在3月20 日前後	春季九十天的中間點。 春分活動：灑豆和惠方卷。 ※傳說邊灑著豆子邊說：鬼は外～福は內（鬼出去，福進來）可招來好運。 ※惠方卷是海苔壽司捲，傳說吃的時候不說話，能一整條吃完不斷掉的就能祈福得到好運。
★櫻花季	4月上旬	櫻花盛開的季節。
昭和日	4月29日	黃金周開始之日。
憲法紀念日	5月3日	平常不開放的國會議事堂會對外開放。

節日名稱	日期	備註
綠之日	5月4日	黃金周連休。
兒童節	5月5日	黃金周連休。 ※有男孩的家庭會懸掛鯉魚旗，鯉魚旗黑色代表父親、紅色代表母親、藍色代表男孩，家裡有幾個男孩，就會有幾隻藍色的鯉魚旗
★母親節	5月第二個星期日	
葵祭	5月15日	京都三大祭典之一 由來：慶祝德川家康在戰場上獲勝。 地點：上賀茂神社
★淺草三社祭	5月中旬	東京淺草寺代表性的抬神轎活動
★父親節	6月的第三個星期日	
祇園祭	7月1日開始持續一個月	京都三大祭典之一 由來：祈求疾病的退去。 地點：八坂神社
海之日	7月第3個星期一	夏天的開始。
★七夕	7月7日	許願日，可將願望寫在書籤然後掛在竹枝上祈求願望實現。
★天神祭	7月下旬	日本三大祭典之一 地點：大阪天滿宮
★彩燈節（ねぶた祭り）	8月上旬	東北四大祭典之一，跟台灣元宵燈節類似。 地點：青森縣青森市
★竿燈祭	8月上旬	東北四大祭典之一 地點：秋田縣秋田市
★花笠祭	8月上旬	東北四大祭典之一 地點：山形縣山形市

節日名稱	日期	備註
★七夕祭	8月上旬	東北四大祭典之一 地點：宮城縣仙台市
★五山送火祭	8月上旬	京都大文字五山送火祭。
盂蘭盆節	8月中前後	德島縣德島市會舉辦阿波踊祭（盂蘭盆會舞）。
★桑巴狂歡節	8月下旬	跟巴西里約熱內盧狂歡節一樣，大家穿上性感的衣服在街上跳舞表演。 地點：東京淺草、馬道通～雷門
敬老節	9月第3個星期一	日本厚生省在這一天會將超過百歲的「長壽者名單」登載在各地報紙上，各地也會有敬老活動。
★花車祭（だんじり）祭）	9月中旬	重達4噸的巨大花車由1000名男子拉著奔馳在大街小巷中的傳統祭典活動。 地點：岸和田市
秋分	約在9月23日前後	各地的神社或寺廟會有祭祀活動。
體育節	10月第2個星期一	
★時代祭	10月22日	由來：是桓武天皇於西元794年（延曆13年）由「長岡京」遷都到「平安京」的日子。 地點：平安神宮
文化之日	11月3日	
勤勞感謝之日	11月23日	即所謂的豐收節。
★聖誕節	12月24～25日	日本聖誕節的應景美食：烤雞跟蛋糕。
除夕	12月31日	除夕大晦日的跨年傳統會吃「跨年麵」（蕎麥麵），長長的蕎麥麵象徵：長壽的意義。

日本花火大會

✿ 日本各地的花火大會大都集中在七、八月，不過每個地方舉辦的日期都不同，要查該年的花火大會情報可以到下面這個網站查詢：

✿ 日本全國花火大會情報，http://www.yukatayasan.com/hanabi/

✿ 以上資料整理自：

日本國家旅遊局，http://www.welcome2japan.hk/index.html

日本旅遊觀光綜合資訊網站，http://www.e-japannavi.com/index.html

京都三大祭典之一的時代祭，以真人古裝重現歷史的遊行隊伍。

🌸 威猛黃金周

日本的節慶假日很多，要特別注意四月底到五月的黃金周，從4月29號開始，剛是好幾個國定假日的連續假期，就像台灣的春假一樣，這期間，只要是觀光景點都是旺季，房價不僅特別高，遊客也特別多，通常就是旅遊餐飲業一年當中最賺錢也最忙碌的時候。

我在箱根的旅館打工時，黃金周就連上了六天班，餐廳是天天滿席的狀態，上班到第六天時，都有種魂飛魄散的感覺，打開電腦臉書看到的也是各地異鄉遊子的一片哀鴻遍野，不論在哪裡打工的朋友，每個人都超時工作，苦不堪言，黃金周真的是威猛十足啊！

🌸 情人節巧克力不只送情人

說到情人節巧克力，我也有一段驚險插曲。二月初，我和台灣室友本來有想過要不要送巧克力給一起工作的男同事和廚師們，但，後來又想巧克力好像是送給要表白的男性，加上那時候住在荒郊野外偏遠的長野山區，去超市很不方便，所以，討論、討論著，就不了了之。直到二月十四號情人節前一天，發現日本同事misono小姐跟吉田小姐都有買巧克力送給男生，大家一人一盒，我們兩個才發現大事不妙啊！不管是不是你喜歡的同事，送「義理巧克力」已經是一種禮貌了，所以，當天下午，我們急忙搭公車衝去最近的超市，買了一大盒巧克力，

隔天請大家吃，才不至於出糗，真是捏了一把冷汗。

　　雖然不是所有的日本人都很在意，不過，提醒去打工的女性們，在二月初私下請教其他日本女同事：要不要送男同事巧克力？不然，大家都有送，只有你兩手空空，還頗尷尬的啊！

日本過年家家戶戶會擺飾
祈求平安吉祥的鏡餅。

惱人的源泉徵收

什麼是「源泉徵收」?

「源泉徵收」就是**類似台灣的所得稅**,只要在日本工作,每個月薪資就會被預扣一筆所得稅,稅率是累進制,依年收5%～40%不等。留學生因為是學生身分,所以不需被扣繳,可全面減免所得稅和住民稅,但**打工度假者因可短期打工,在日本法律屬於「非居住者」的範圍,所以會被扣薪水20%的「源泉徵收」**,但稅法規也有定:年收入一百萬日幣以下,不需支付所得稅和住民稅,若被扣稅,「基本上」是可以向日本稅務署申請退稅的,只是其中牽扯繁雜,真正退稅的打工者可能不多。

據我所知,有人打工被扣稅20%,也有只扣10%、5%,甚至沒被扣稅,這其中原因很多,也許是打工公司跟政府報帳的名目不同;也許老闆把你當一般日本居民的算法核算薪水;日本稅法關於非居住者的定義也有漏洞,因為非居住者的定義是:未滿一年的場合才可免除繳稅,但是打工簽證剛好是一年簽,因此,聽說有台灣打工度假者拿著「源泉徵收票」去退稅,被打回票的事件,搞不清楚的日本人更大有人在。

畢竟，日本開放打工度假簽證才短短幾年，很多台灣人連「源泉徵收」都沒聽過就跑去打工了，直到拿到薪水才發現被扣稅。

日本各公司「源泉徵收」的結算是在12月，有些人因為簽證期限，12月前就得離開日本，怕麻煩也就放棄退稅了。

我因為跟韓國人一起打工，拿到薪水後才發現：天啊！我有被扣稅，韓國人卻沒被扣！後來一問才知道：韓國跟日本簽訂的國與國之間的打工度假規定和台灣不同，日本人到台灣工作也同樣會被扣20%的稅，到韓國工作就可免扣稅。

原來，這些稅法不是適用於所有的外國打工度假者，這筆「源泉徵收」真是個讓許多台灣打工度假者頭痛的問題。想想看：假使一個月打工費10萬日幣，扣20%稅金，2萬日幣就飛了，能不心疼嗎？

 ## 如何申請退稅？

不過，雖然有人申請退還「源泉徵收」吃閉門羹，也是有申請成功的人。

除了在工作前先問清楚薪水的制度外，如果你已經被扣20%的「源泉徵收」，也先別著急，首先看看你的薪資明細上有沒有「源泉徵收」這一項，若沒有就表示沒有被扣到20%稅金，不能申請退稅，有的話才可以跟打工公司申請「**源泉徵收票**」，也就是所謂的扣繳證明。

不管你換過幾個工作，只要手上拿著這張「源泉徵收票」，不論何時都可以去日本各地的稅務署申請退稅，比較麻煩的是各家公司結算「源泉徵收」都是在年底，若簽證在年底前到期，返台前就可能無法拿到公司發給的「源泉徵收票」或必須再搭飛機去日本領取或請友人代辦。

至於需準備的文件包括：**1.退稅單**（已填妥，一年度填一張，若有跨到兩年，就須填兩張）。**2.已填妥的委託單（需本人簽名）**。**3.源泉徵收票，另外護照、在留卡、存摺印章等證件也備齊比較保險。**

申請退稅完成後，約兩到三周，稅務署會寄一張匯款通知明信片給你，收到後約2到3天就會匯入你的帳戶，完成退稅手續。

所有準備的文件中，「源泉徵收票」是最最重要的，只有拿到「源泉徵收票」，退稅才有希望，所以離職前，千萬不要忘記跟老闆申請「源泉徵收票」喔。

以上僅提供一些說明讓大家參考，最重要的，打工前需詢問清楚、看清楚合約再簽字，多問多比較為上策。

※日本國稅廳網站，http://www.nta.go.jp/shiraberu/index.htm

痛快吃遍日本美食

在台灣觀賞《黃金傳說》、《美食冤大頭》之類的電視節目，我都一邊看一邊流口水，好羨慕日本地大物博，不同縣市有各自的代表性特產美食，看起來都好好吃。尤其《黃金傳說》有全部吃完菜單上菜色的挑戰，看得我好想直奔該店大快朵頤。此次日本打工，終於圓了我的美食大夢！

 ## 豪華旅館員工餐

在觀光勝地的旅館工作很有口福，可以吃到便宜、甚至免費的當地特色土產美食，因為，廚師大都會利用當地的特產食材做料理。

我在長野栂池高原飯店工作時，員工餐是免費的福利，廚師做完客人的料理後，剩下的材料就拿來做員工餐，因此，經常吃到長野有名的野沢菜跟信州蕎麥麵。有次有客人預約了長野的名物生馬肉片，廚師特別拿出他自豪的醃漬菊花來擺盤裝飾，切剩的生馬肉呢，當然就落入我們的嘴裡啦！新鮮生馬肉吃起來沒什麼腥味，有點像是吃牛肉呢！

客人點的日本酒，開瓶後若沒喝完，廚師也毫不吝嗇的倒給我們這些外國人品嘗，只是，我覺得：日本酒好苦、好辣

啊！好像在吃藥，一入口覺得整個喉嚨都要燒起來了。不擅喝酒的我，實在喝不出好酒、壞酒的差別。

在箱根的旅館，員工餐就更豪華了，因為餐廳是供應自助餐，等級還不差，每天都有生魚片、生蝦跟日式甜點，因為不留隔夜食物，供餐剩下的料理，退回廚房後，廚師就會在廚房重新加熱變化一下，譬如：早上的冷奴豆腐加肉末炒一下變成麻婆豆腐；小餐包切半、裹上調味過的蛋汁，變成法式土司等等，又變出一道新菜來，員工餐怎麼吃都吃不膩。

我不但每天都可以吃到最愛的生魚片，甚至有陣子餐廳推出：螃蟹單點料理，我們員工餐也很豪邁的直接擺上一大盤螃蟹腳給大家享用，在箱根雖然工作辛苦，但也吃得很痛快，胖了好幾公斤。

雖然每個工作日幾乎都被綁在旅館，沒辦法出去玩，晚上供餐結束也都已九點，很晚才能吃晚餐，不過，那段大家圍在廚房啃蟹腳、啜飲大廚特製的熱呼呼豬肉味增湯、邊吃生魚片邊跟廚師學握壽司的日子，真的讓我難以忘懷啊。

箱根飯店提供的員工餐竟然可以大嗑螃蟹和烤牛肉薄片，老闆真是阿殺力！

大街小巷的庶民美味

　　若是沒在旅館打工，想要品嘗當地的庶民美味，就要去日本各地的商店街繞一圈了，車站附近的商店街，通常也是當地婆婆媽媽會去採買食物的地方。

　　我很喜歡逛車站旁的小商店街，那裡的食物商品雖然樸實不花俏，但也不會像觀光區的商店一樣哄抬物價，小小的雜煮攤、剛出爐的麵包香，讓人食指大動，有時還能在店門口的車籃裡，買到特價的便宜好物，展開一場尋寶探險。

　　有一次，讓我意外發現的是，在商店街買了可麗餅，才知道原來道地日式可麗餅的餅皮是軟的！！不像台灣是脆的，第一次吃，還以為是老闆沒做好，有點小生氣，後來才知道，日本的可麗餅都是軟的啊～～真是錯怪老闆了。

　　最讓我唸唸不忘的日本市場，就屬京都的錦市場和北海道的朝市了。

　　鑽進錦市場，走進一條只夠兩三個人通過的小小石子街道，雖不寬，但長長的錦市場裡，什麼東西都有賣，真的是麻雀雖小，五臟俱全，而且不管是賣魚還是賣肉，店家都會把魚攤的水引流到水溝裡，攤子保持得乾乾淨淨，地上也不會濕濕臭臭，走在裡面雖然擁擠，卻一點也不覺得不舒服，一桶桶的醃菜、醬菜和各種乾貨、雜貨整齊的排列在店裡，還有各種和菓子點心，賞心悅目，用魚板做成的繽紛小花，放入熱呼呼的味增湯裡，各色花瓣就會展開，不僅讓我看得目不暇給，也大大驚嘆日本人料理上的精緻巧思。

如果說錦市場是穿著華麗紅色和服的嬌羞少女的話，那北海道朝市就是頭上綁著頭巾吆喝的元氣大叔了，北海道的朝市跟台灣的基隆漁港很像，因為離海港很近，所以市場的魚貨都非常新鮮，每家店的老闆也都活力十足，大聲的對著熙熙攘攘的客人大喊：「大哥、大姐，來看看吧！！」

只要我眼神一跟老闆對到，老闆就會興沖沖的，拿出該店的招牌螃蟹或生魚片要我賞個光，害我到後來都不好意思多看幾眼，我去的時候正好旁邊有人在釣小管，釣出水面時，小管噴水噴得好高，讓圍觀的人都驚呼連連！市場的老闆、老闆娘們，在寒冷的天氣，雖然臉都凍得紅通通，但仍元氣十足的招攬客人；相較站在旁邊縮成一團，瑟瑟發抖的我，就覺得北海道真有活力啊！

連鎖餐廳的居家好味道

日本有許多連鎖餐廳，除了在台灣常見的吉野家，我最喜歡的就是松屋和すき屋了，因為是連鎖店，所以菜單不管在哪個縣市都一樣，是制式的料理，進去後，從販賣機按選餐券點餐，就算日文不好，也能看圖索驥，順利買到自己想要吃的東西，且幾乎都是24小時營業，真的是好貼心。

在日本這個晚上七點後，每家店都早早關門休息的國家，冷冷漆黑的街道上，這些連鎖餐廳就像是家人，為晚歸的你留的一盞小燈，讓我在這個陌生的國家也能感到安心，遲來的晚餐也好、晚上睡不著的宵夜也好，這些連鎖餐廳總是隨時等待

著你的光顧，價格也很親民，有些大間的金券行還賣特惠餐券，可以用更便宜的價格享用到美味的一餐。

不過，缺點就是，大部分店裡都是男性客人居多，很少看到單獨的女生進去吃飯，若在透明店門看到裡面都是大叔，我就會有點緊張，聽說日本的女性也很少一個人在外面用餐，大都外帶回家，不過，後來，我一個人旅行久了，越來越習慣，肚子餓了，就進去點餐，倒也沒想那麼多。

居酒屋好熱鬧

前面提到日本人愛去居酒屋，我也去過好幾次，日本連鎖的居酒屋很多，白木屋就是其中之一，在日本的白木屋可不像台灣的白木屋是蛋糕店喔！雖然我不喜歡煙霧瀰漫的環境，但是，鄉下的居酒屋真的很溫馨，還會不定期舉辦各種活動，台灣也有和民居酒屋，建議讀者：除了連鎖的居酒屋，下次到日本試著去街頭巷尾的居酒屋小店，氣氛跟感受都很不一樣喔！

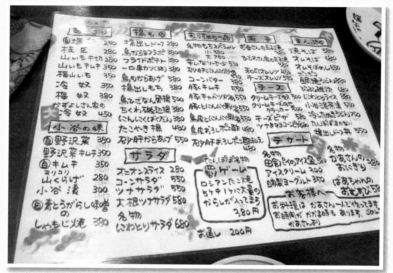

長野鄉間居酒屋可愛的手寫菜單。

京都嵐山路邊小攤的烤魚串，令人垂涎三尺。

原宿車站旁的商店街有好幾家美味的可麗餅店，經過時務必挑一家品嘗一下日式的可麗餅喔！

從漫咖、膠囊到溫泉旅館

辛苦打工之餘，大家一定會到處趴趴走、旅遊度假，小女子我在日本短短一年，對獨特的日本住宿文化作體驗觀察，分享一些心得供大家參考：

マンガ喫茶

マンガ喫茶就是所謂的漫咖囉！

日本的漫咖很多，通常都是24小時營業，裡面除了漫畫、電腦、網路外，也有wii、ps3等電視遊樂器，讓你絕不無聊。

此外，漫咖通常也提供簡單的淋浴設備和餐點飲料，座位有分：座椅跟可躺平的個人室或雙人一室，大部分都有夜間專案（可包8～12小時），讓臨時找不到旅館或是短暫滯留的旅客休息，算是日本一個很特別的文化。

有些高檔的漫咖，還有提供撞球桌、KTV，甚至按摩機等等，一個晚上大約1500～2500日圓不等，跟旅館相比，住一個晚上的費用算是很便宜。

只是，個人室的房間不大，提大行李箱的人可能比較不方便，再來就是隔音設備和吸菸區沒有區隔得很好，畢竟，漫咖只是簡單隔間，不是飯店套房，人來人往難免有噪音或打呼聲干擾，短時間休息一晚還好，每天住就會受不了。

有些漫咖只接受會員使用夜間專案，各家夜間專案時段不一樣，去之前要特別注意。日本漫咖還有一個缺點就是，通常都不是設在一樓，大都在二樓以上，出入比較複雜，要住的話盡量攜伴，單身女子還是要特別注意安全才行。

※日本マンガ喫茶，http://www.cafeman.jp/

膠囊旅館（カプセル）

膠囊旅館也是日本很特別的住宿文化，是在台灣體驗不到的住宿經驗。

日本都市寸土寸金，膠囊旅館這個idea創意大概只有很會利用空間的日本人才想得出來。大家都說：膠囊旅館很危險，女生最好不要去住，我還聽說有些膠囊旅館空間超小，跟棺材一樣，不過，事實並非如此，我自己住過幾次，其實沒那麼誇張，真要比起來，マンガ喫茶還比較危險呢。

首先，膠囊旅館在性別限制上就蠻嚴格的，有些旅館只限定男性入住，根本不開放女性預約，就算有讓女性入住，也會分區甚至分層，以確保安全，且入住時，也會規定客人不可有酒味，要求看身分證做登記等，而且都會提供保險箱。雖然大家都住在「同一個大房間」，但住的床前拉門拉下，換衣服或戴耳機看電視，都不太會被影響。旅館內也會規劃吸菸區，所以不會有煙味的困擾。

有些膠囊旅館也提供簡單的輕食跟漫畫、雜誌，甚至還有提供游泳池的。睡的床鋪也蠻大的，左右翻身都沒問題。但

是，若是怕吵的人可能就不適合住，雖然隔音比漫咖好，但難免有人走動或打呼，若是一定要非常安靜才睡得著的人，恐怕就不適合。

對我而言，膠囊旅館唯一的缺點就是沒什麼放大行李的地方，我都是把行李直接放在我的床前（或暫放櫃台），一般的住宿價格約2000～3500日圓，有些膠囊旅館住宿費還包含自助早餐，算是經濟實惠的住宿選擇。

 ## 溫泉旅館

在日本只要有附溫泉的旅館（是真的溫泉，不是熱水喔），一個晚上一個人都要六七千日圓起跳，雖然貴些，但是，這個價位通常包含自助早餐，住宿的環境品質也比較好，在工作疲勞或旅途舟車勞頓時，能夠好好休憩泡個湯，真的是很幸福的一件事。若不想多花錢，又想享受一下泡湯之樂的話，也可以試試看「錢湯」，千元以下就可以享受一次熱呼呼的泡湯，鬆弛身心了。

桑拿中心

在台灣也有不少桑拿中心，日本有名的是「大江戶溫泉物語」，我則是去大阪通天閣旁的「**世界的大溫泉**」的桑拿中心泡湯，一般觀光客到大阪都只去通天閣參觀，會去通天閣旁的

京都的膠囊旅館提供背包客經濟實惠的休憩服務。

到大阪通天閣旁「世界的大溫泉」來享受桑拿吧。

世界的大溫泉泡溫泉的人少之又少，只有熟門熟路的在地人，才會知道有這種好去處。

「世界的大溫泉」的原訂價是一人一次要價2700日幣，有點貴，所以我一開始沒有計畫進去，直到我的大阪室友強力推薦，加上剛好有推出特價優惠一人一次只要1000日幣，我當然就把握良機，立刻進去體驗看看。

沒想到進去「世界的大溫泉」一看，真是不得了，好～大～啊～～

大大小小的溫泉池大概有十幾座，以世界各國為主題，一層歐洲風，一層是亞洲風，也有露天溫泉，男女分層區隔，每隔一個月互換一次樓層，所以，要兩種風格都享受到的話，至少要去兩次才行。

除了泡溫泉外，也可以點餐，不用攜帶錢包，以隨身防水手環刷卡，出來再結帳即可。此外還有一個休息區，可以躺下來看電視或睡覺，如果怕睡到著涼，還有提供小蓋毯，一人特價1000日幣真的非常划算！

只是，雖號稱24小時開放，但早上會有一個小時清場時間，若超過晚上十二點過夜，要再另外加1300日幣的深夜料金，攜帶大型行李的旅客可能也不太方便，所以要過夜的話，就要三思。

✿ 關西機場

　　看到關西機場這四個字，不知道會不會有讀者傻眼？沒錯！我要介紹的就是關西機場，說到這不得不稱讚一下關西機場，這裡實在是體貼旅客過夜的好地方，晚上不但不會趕人，還會關燈讓旅客睡個好覺呢！

　　不過，睡機場畢竟是不得已的選擇，再怎麼也比不上睡床鋪舒適，而且，並不是每個日本機場都像關西一樣不清場的，北海道的新千歲機場就會清場趕人，只能到附設的機場旅館或機場附近、類似桑拿的「萬葉之湯」休息過夜。

　　我還要介紹一個關西機場獨有的資訊，就是KIX CARD，**只要在網路表格上填妥簡單的會員資料，拿著列印出來的單子，到關西機場免費申辦會員，就可以半價優惠享受關西機場的過境旅館服務**，那裡有類似漫咖的設備，沒有床鋪，但有躺椅，和為數不多的個人室，但裡面有付費淋浴間、免費看雜誌、漫畫和享用飲料，若是要趕搭一大早飛機的旅客，不失為一個不錯的省錢選擇。

※ KIX CARD網站，http://www.kansai-airport.or.jp/kc/

天啊！生病怎麼辦？

出門在外，最害怕的事情就是生病了。

日本看病的醫療費用不便宜，即使是日本人感冒生病，也是先去藥局買成藥，真的很嚴重才會去看醫生。大部分的診所就跟百貨公司一樣，晚上六～七點就關門了，日本上班族生病，要去看醫生都得請假，在醫療這部分，台灣看病真的比日本方便多了。

我在日本一年，曾在箱根有一次看病的經驗。看病的原因說來害羞，是因泡溫泉太high，耳朵進水造成的耳聾不適。

雖然不是什麼大病，但，當天晚上耳朵著實難過，不管用棉花棒還是衛生紙，還是跳來跳去甩頭都沒有改善，最後左耳幾乎聽不到聲音，耳壓不太平衡下，整個人又很想吐，晚上跟室友說：「明天想去看病，但很擔心我講的話醫生不知道聽不聽得懂？」我的室友還很貼心的安慰我說：「醫生不都很聰明才能當醫生嗎？放心啦一定聽得懂的。」

隔天早上，雖然繼續上班，但，休息時間我還是忍不住鼓起勇氣跟照顧我們的小林先生說，問他：能不能帶我去市區看病。因為我是在箱根郊區的溫泉飯店上班，要看耳鼻喉科一定要去小田原市才有醫生看診，小林先生不但一口答應，還很貼心的替我先預約門診，犧牲他午休時間開車載我到市區，陪我一起看病。

日本的地磚各地區都不一樣，很具地方特色，遊玩時也要留意腳邊喔！

日本各地的古城都是熱門觀光景點，歷史上的小田原城是關東有名難攻、不落之城，是神奈川縣自豪的風景名勝。

到了診所後，因我是外國人沒有健保，所以一開始跟護士小姐解釋好久，直到護士終於了解後，才跟我說：「那只能自費喔！可以接受嗎？」因為耳朵真的很不舒服，當下要我把錢包裡的幾萬日幣全掏出來給醫院我都願意吧。

　　接著，很快叫號輪到我進去診療室看病了。醫生是位頭髮半白的阿伯，人瘦瘦的，很親切，我只是指指耳朵，用很破爛的日文說：「水跑進去，塞住了，聽不到，不舒服。」這四句話，醫生就明白了，幫我用診療機器清理耳朵，因為耳內還有一點破皮流血，所以也很仔細的替我擦消毒藥水，檢查兩邊都OK了才放我下診療台。

　　耳朵的問題總算解決了，結束後，小林先生還很可愛的帶我去吃31冰淇淋，我覺得自己好像小朋友一樣，被家長細心呵護啊！

　　不過，付醫療費的時候還是感到心痛，短短十分鐘簡單療程，在台灣大概只要掛號費150元就解決，我在日本卻花了4000日幣（約1200元台幣）！

　　幸好，打工公司有替我保險，雖然要先自費，但只要有拿收據，將收據和病因寫好寄回公司申請，就會全額補助我的醫藥費，這時候就覺得可靠的打工代辦公司和辦理保險，真的很重要啊！

　　人在異國，照顧好自己的身體是最重要的，尤其冬天或下雪的地方，打工時更要特別注意安全！新聞曾報導：台灣人到北海道自助旅行開車發生意外的事件，我冬天在長野打工時，也有台灣友人乘坐日本人開的車出去玩，在雪地打滑發生車禍

的嚴重事故，連救護車都來了，雖然最後沒有大礙，但一趟折騰下來也夠令人驚悚了，一次車禍就會把好幾天辛苦賺來的打工費全給撞飛，不怕一萬，只怕萬一，一定要記得保險，避免得不償失。

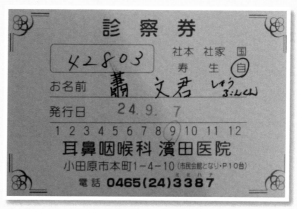

在箱根看病時拿到的診察券（掛號證）。

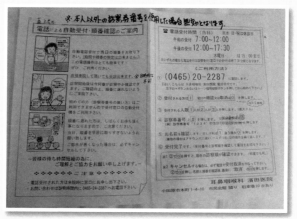

護士拿給我的診察券上有使用注意事項。

東京淺草寺地鐵車站內，充滿日式風情的壁飾。

奈良不愧是古都，寺廟古蹟看都看不完，不過漫步在奈良的東大寺時，可要隨時小心小鹿們措手不及的偷襲啊！

【旅遊觀察篇】

日本搞笑藝人真奇妙

 ## 搞笑藝人是日本娛樂界的要角

　　想要融入日本的生活文化，聊天不冷場，日本娛樂界的藝人的話題是不可少的，就像我們在台灣聊天也常會說：「昨天《康熙來了》的小S好好笑……」一樣，輕鬆的娛樂新聞，永遠是破冰的好媒介，而提到日本藝人，除了大家熟悉的偶像劇演員和歌手外，想要掌握日本當紅流行的時事，我覺得有一塊很重要的日本娛樂瑰寶，在台灣娛樂界很少被重視，那就是「搞笑藝人」。

　　在日本只要一打開電視，一天不想看到搞笑藝人幾乎是不可能的，因為他們遍布各個綜藝和談話節目，連新聞節目和午間冷門時段的綜藝節目，都會出現搞笑藝人的身影。

　　搞笑藝人也會有劇場的固定演出，在大阪的「吉本興業劇場」，每天都可看到搞笑藝人的短劇，他們也會到學校或各個祭典表演各種漫才暖場，炒熱氣氛，每個藝人都有自己專屬的搞笑特色或笑話梗，是各個綜藝節目的棟樑大柱！若不認識幾個有名的搞笑藝人，當你跟日本人一起看電視，其他人都笑得東倒西歪的時候，你可能會霧煞煞一臉尷尬，不知道大家在笑什麼呢！

搞笑藝人扮演什麼角色？

　　台灣藝人常身份多重，主持人可能同時也是歌手、演員、作家、製作人等，拍電影、連續劇外加寫書、作曲等，雖然也有搞笑藝人的存在：澎恰恰、豬哥亮等，但專職的不多。

　　日本藝人多數走單一路線，唱歌就唱歌，拍連續劇就拍連續，寫真女優就拍寫真集，而搞笑藝人（日文：お笑い芸人）顧名思義，是扮演丑角的角色。但日本搞笑藝人不像台灣的諧星，只是做為配角說說笑話、模個仿就好了，身為日本人，連芝麻綠豆小事都要鑽研精通，怎麼可以只講講笑話就算了，要當搞笑藝人，可還要先經過嚴格培訓、塑造一番呢！

　　日本最有名的兩大搞笑藝人經紀公司，就是大阪起家的「吉本興業」和東京的「松竹藝能」公司，其他大大小小的經紀公司也有很多，想當搞笑藝人，就得先進經紀公司受訓後，才能出道。

　　所謂：「台上一分鐘，台下十年功。」搞笑藝人沒有真材實料，是無法闖蕩藝海的。受訓期間，他們可以尋找搭檔，或是和搭檔同時培訓，透過不斷練習漫才（まんざい）和構想段子（類似表演劇本），參加各種表演比賽，磨練出屬於自己的風格和特色。受訓完出道之後，就要各憑本事了，有些一出道就成名，最後可以擁有自己主持的節目或成為各大綜藝節目的固定班底；有些可能是「一發藝人」，瞬間竄紅，沒幾年就被觀眾淡忘了，而奮鬥十幾二十年還紅不起來，只能在各商店街作宣傳活動或小劇場表演，最後放棄夢想，回去職場當上班族的，大有人在。

日本演藝圈新人輩出，長江後浪推前浪，能真正闖出名號的藝人沒幾個，若沒辦法一直寫出新段子，持續吸引觀眾目光，很快就會消失，當紅跟不紅時期的身價相差很大，有些人苦熬許久，好不容易才爆紅，工作邀約接不完，擔心人氣下滑，拚命接工作，過勞住院的情形也時有所聞。所以，在螢光幕前笑嘻嘻，逗樂台前觀眾的搞笑藝人，背後都有一把辛酸血淚的。

落語、漫才是什麼？

　　「落語」是日本的一種傳統表演藝術，「落語家」會穿著傳統和服，很正式的跪坐在劇場的舞台（高座こうざ）上講故事，故事通常都跟日本的歷史或傳統戲劇有關，比較具知識性，大多是一人表演，很像中國傳統的相聲。觀眾雖然男女老少都有，不過以中老年人居多。

　　「落語」有個很有趣的規矩，因為「落語家」講故事的時候都會跪在坐墊上，若講得好的話，就會有專人拿一枚坐墊給表演者，講不好就抽掉一枚，所以跟日本人聊天時，若聽到誰講出經典名句，也可以說「坐墊一枚！（座布団一枚！）」表示：稱讚的意思。

　　而「漫才」的表現形式就比較輕鬆而多元，比較常在電視上看到，一般「漫才」通常是兩個人組合演出，一人負責比較正經嚴肅的吐槽角色（ツッコミ），另一人則負責搞笑的裝傻角色（ボケ）。講「漫才」的搞笑藝人通常都會穿著西裝站在

大阪是搞笑藝人的重鎮，在難波鬧區有一間花月劇場，可以每天看
到搞笑藝人的精彩表演。

花月劇場裡還有販賣許多當紅諧星的周邊產品和土產。

麥克風前，靠著嘴巴和肢體動作在舞台上又唱又跳，段子以日常生活為主，一次表演約十到十五分鐘。

除了正正經經站在舞台上講「漫才」外，有時也準備道具影片或是依各人角色設定，穿著不同衣服表演。譬如：搞笑藝人Cow Cow二人組表演「理所當然體操」時，就會穿著體育服，小杉君（すきちゃん）就全年無休的穿著牛仔布材質的短袖背心和短褲。也有比較特別的一人搞笑藝人，和藤原紀香因離婚而鬧得沸沸揚揚的陣內智則，就是靠著自己製作的短片和道具，布置出一個情境短劇，一個人就可以搞笑了。

在日本看搞笑藝人的經驗談

我在箱根參加大文字燒祭典時，煙火結束後，剛好看到當地主辦單位邀請安東尼奧豬木（アントニオ猪木）來表演，安東尼奧是前職業摔角選手及綜合格鬥家，退休之後成為搞笑藝人，每次出場時，不管天氣如何，都只穿條黑色三角褲跟圍條紅圍巾上台，然後用很雄壯有力的聲音問候大家：「大家好嗎？（元気ですか）」，搞笑段子都是用他的招牌摔角招式。

我一看到安東尼奧豬木出場，真的好興奮！興趣是研究日本搞笑藝人的我，在台灣只能透過電視《男女糾察隊（London Hearts）》等節目看到搞笑藝人，沒想到此行能親眼看到本尊，真是太開心了！事後聽說：當天晚上，安東尼奧豬木就下榻在我工作的溫泉旅館，可惜，我知道這個消息時已經過了大文字燒祭典好多天了，不然，我好想去敲門跟他要張簽名啊！

當天，接著豬木後面又有一組穿紅衣的搞笑藝人四人組表演，我並不認識他們，不過一上場，大家都很嗨的歡呼又拍手，讓我很期待他們的表演，這四個人是兩組、兩組輪番上陣，表演內容是做一些異於常人的特技，一開始還蠻簡單的，譬如：用碳酸水洗臉之類的，但越到後面，表演的內容就越讓我震驚，譬如：用超巨大的橡皮筋彈男生下體、還有喝一口牛奶，牛奶就從眼睛擠出來，或是用嘴巴接拉炮之類的。

　　其中有一段是表演者嘴裡咬著菸，再湊近以機器磨鐵片時所產生的火花點菸，這段表演因為難度很高，所以表演者表演了四五次才終於點菸成功，他們全身上下只有戴著護目鏡，其他什麼裝備都沒有，每一次失敗，大家就盡情的替表演者加油，我頭兩次也有拍手加油，但看到第三次真的有點受不了了，已經無法再笑著看表演，只覺得好虐待人，好想大叫：夠了！換下一個節目吧！當時台下不只有大人觀眾，還有許多小朋友，我一個外國女子，邊看邊替表演者擔心燙傷臉，忍不住想：日本人的開放尺度真大啊，這種有危險性且帶情色的表演都不介意在公共場所演出，真讓我大開眼界！

　　從此，在欣賞搞笑藝人表演的時候，我腦海總會浮現出箱根那場野台表演，覺得搞笑藝人好辛苦啊，無法像偶像或演員般優雅亮麗，還要常常在節目上被整得灰頭土臉或自爆自己的一些糗事，有時候還要出危險的外景或做一些醜陋誇張的表情動作，想成名只有努力是不夠的，還要靠運氣，真的非常非常辛苦！所以，在看日本綜藝節目哈哈大笑之餘，我總會打從心底向他們深深致敬：各位搞笑藝人們～～お疲れ！！

安東尼奧豬木在箱根夏季「大文字燒祭」活動晚會中表演。

小諧星組在箱根晚會中的表演讓我嚇得說不出話來。

向土方副長致敬

　　接近日本打工度假的尾聲，我一個人拉著重重的行李，在大雪紛飛的冬季，從大阪飛往北海道獨自旅行了七天。

　　當我在函館的五稜郭公園散步時，聽到有台灣來的觀光客說：「啊～好無聊喔～這有什麼好看的？快走吧！」聽到這句話的當下，我忍不住在心中大大的嘆了一口氣，台灣人遠迢迢花錢來日本，若是對日本的歷史背景毫無概念或興趣，只是走馬看花繞一圈，真是太可惜了。只看看櫻花、楓紅、賞雪、買藥妝、吃拉麵，或去東京迪士尼樂園玩樂一番，跟在台灣旅遊有多少差別？只是講的語言不同、買的東西貴一點、精緻一點罷了。

 ## 用心感受大不同

　　日本是有深度、有傳統的國家，而且這些傳統故事很長很長，有很多都跟台灣息息相關，很值得我們細細品味。

　　當然不是說每位來日本旅遊的人都要像考試般，對日本史瞭若指掌才能蓋章入海關，而是，當你越了解這個國家，旅遊之行才會越感動、收穫也更多。

若不知道豐臣秀吉從貧民出身，最後幾乎統治整個日本的傳奇故事，那大阪城對你而言只不過是鑲了金邊的碉堡；若不知道末代幕府將軍在二条城含淚大政奉還，那二条城不過就是個陰暗的破舊木頭建築；若沒聽過《源氏物語》，那宇治不過就是個到處都賣抹茶的幽靜小鎮；若不認識新選組，五稜郭也不過就是個雜草叢生的普通公園罷了。

　　啊～說到我最仰慕的新選組，我不得不提到北海道。去日本工作之前，大阪是我最嚮往的地方，現在離開日本之後，北海道的函館已變成我最喜愛的城市了。

去北海道向土方副長打招呼

　　函館雖是北海道的市區之一，但跟本島的東京、大阪相比，真是差遠了，充其量只是熱鬧一點的鄉下。晚上街上幾乎沒人，連車站前的百貨公司都小小舊舊的。

　　但是，函館有著世界三大夜景，有著溫馨可愛的路面電車在緩慢行駛著，有活力十足的朝市，美味多汁的小丑雞肉漢堡，優雅靜謐的教會區和能在風雪中溫暖人心的湯川溫泉·又是土方歲三的傳奇一生劃下終點的地方，怎能不教我著迷？

> 「よしや身は　蝦夷の島根に朽ちるとも魂は東の君やまもらん」
> （即便我的身軀在北海道的荒島上腐朽，我的靈魂仍守護著在東方的你）
>
> ──土方歲三

幕府時代新選組最有名的副長：土方歲三，除了是個驍勇善戰的武士，也是位才華洋溢的俳句詩人，這句話就是他對著有知遇之恩的松平容保所說的名句，簡單卻讓人深刻感受到土方副長的忠誠，而土方歲三也的確做到了，新選組旗幟上的「誠」字，直到現在，仍飄揚在函館這片土地上，守護著這個國家。

　　這群身懷絕技、懷抱夢想，最後因生不逢時，抱憾以終的新選組武士們，因為故事實在太傳奇，連日本的連續劇、電玩遊戲、動畫和漫畫等，數度改編他們的故事，讓我對新選組這群「日本最後的武士」非常著迷。

　　人稱：「鬼之副長」的土方歲三堪稱歷史上最會打仗又最帥氣的軍官之一，不只是新選組，我對幕府末期的維新志士們，如：坂本龍馬、西鄉盛隆等，這幾位促進日本現代化的推手英雄們的故事也深感興趣。

　　我到京都專程去參訪沒什麼觀光客的新選組舊屯所，光是看到新選組隊員們的墳墓，就讓我熱血沸騰、感動不已，他們是多麼熱愛自己的國家，多麼有犧牲奉獻的精神！

　　我也專程到紀念他們的京都「靈山歷史館」參觀拍照，旅程最後還不畏暴風雪，硬是去函館走了一遭，我衷心希望到北海道或是京都的旅客們，都能在出發前做點功課，稍微了解日本幕府末期的歷史，就算只有概念都好，這些歷史古蹟對你而言，就不會只是到此一遊的拍照景點，而是有溫度、有生命的歷史舞台。

　　在北海道旅行的最後幾天，我站在土方・啄木浪漫記念館旁的海岸邊，仰望灰撲撲的天空，看著浪花不停拍打著海岸，想起160年前，在箱館戰爭中中槍落馬的土方歲三，年僅34歲就

北海道函館的路面電車帶來懷舊悠閒氣氛。

北海道函館著名的小丑漢堡店門前可愛小丑模型。

英年早逝，死前血淚模糊的眼中所看到的函館，也是像今天一樣灰濛濛的景色嗎？終生為德川幕府奉獻，秉持武士道精神活到人生最後的一秒鐘，是否有些許的悲傷或感嘆？悲傷自己的生不逢時？感嘆歷史巨輪的無情？我徘徊又徘徊的想著：我們永遠都不會知道答案了吧。

站在北海道五稜郭塔上遙望五稜郭遺跡，這裡也是箱館戰爭發生之地。

北海道五稜郭塔觀景台內的土方歲三雕像。

日本的光與影
——燈紅酒綠西城區

　　日本一般給予人的印象都是整潔、時尚、文明。以前的我也是這麼認為，但在日本待了一年，我已沒辦法這麼肯定了，因為我曾因緣際會的見識到日本陰暗角落的一面，那就是大阪的西城區。

　　光聽到西城區這三個字，不要說外國人，連大阪以外的日本人都可能摸不著頭緒，不懂西城區到底有什麼不好？但若你跟大阪人說你住西城區，他們大概會臉色一變的說：「蛤？你為什麼要住西城區？住那裡不太好吧……」，若再細問：「西城區為什麼不好？」，他們才會支支吾吾的說：「因為西城區旁邊……就是花街啊……」。

　　套句我室友曾對我說過的一句話：「如果我有女兒，絕對不准她來住西城區。」原來大阪的西城區就類似台北的萬華區龍山寺一帶，以前曾風光一時，現在則落魄不堪。而這個令大阪人聞之色變的西城區，我不僅住了兩個多月，也因了解而對它產生特殊的眷戀。

　　說來住到西城區的緣由，只能說自己太嫩、太天真，當初，快要結束關東箱根旅館工作時，我正計畫去大阪玩幾個月，透過日本打工朋友推薦，找到大阪一間guest house的仲介，就在e-mail通信下訂好房間。

因我之前的工作都提供食宿，租屋經驗不足，當初訂的時候沒想太多，單純的只想找間交通便利又便宜的房子，看到西城區雅房的房價，不但獨立一間附有寢具、網路、水電全包，還有電視、廚房、冰箱、洗衣機等共用，距地鐵站又近，每個月租金只要三萬五千日幣，覺得：「哇～好便宜啊！」就不疑有他的訂下了。

　　神經大條的我，提著大包小包到了當地跟仲介會面，也不覺得有什麼奇怪，簽約時，仲介除了簡單的介紹一下環境，離開前只淡淡的跟我說：「這裡的歐吉桑有點多，不過，不要理他們就好，他們不會對妳怎麼樣！不用擔心！」人就離開了。

　　才剛從夜巴下車，初到新環境的我，既興奮又疲累，洗完澡二話不說，倒頭就睡，晚上爬起來，走去超市覓食時，才發現：我的媽呀！路上看到的歐吉桑也太多了吧？這裡一樣是日本、並不是第三世界的落後國家，市容怎麼差這麼多？

　　說是歐吉桑，可能還太恭維他們了，因為有些人的衣服破破爛爛，根本跟流浪漢沒什麼兩樣，而且形形色色的，什麼人都有，圍坐在公園一圈，喝酒談笑啦，喝醉一個跟蹌倒在路邊的啦，發酒瘋在路邊哇啦哇啦叫的啦，甚至還有一個尿急就直接在路邊小解的……，嚇得我目瞪口呆，買完東西立刻躲回家。（這時候覺得我的家好溫暖啊。）

　　一問之下，我室友才告訴我：妳選地點可選得真好，一選就選到大阪最黑暗的角落。我才猛然驚覺，難怪房價如此低廉，果然案情不單純啊！

看著我驚魂未定的樣子，同樣來自台灣的室友笑笑的安慰我說：「不用太擔心，雖然這些阿伯看起來很可怕，但基本上不會騷擾你，不用煩惱，這裡來來去去，住了那麼多外國人，也沒怎麼樣，也有好幾位台灣女生住在這裡啊，我想唯一要小心的，大概就是騎腳踏車的時候注意一下，不要輾過路邊醉倒的阿伯吧！」說完拍拍我的肩膀就上樓了，留下一臉錯愕罔樣的我，呆站在客廳。

「既來之，則安之吧！」樂天派的我只能這樣想，既然房租已經繳了，也只能住下來。這裡共有三棟三層樓出租，每層都有兩至四間單人雅房，房客大部分都是來自台灣的留學生及打工度假的年輕人，也有外地來大阪唸專門學校的日本人，男女生都有，幾乎都住滿，大家像兄弟姐妹般的相處和樂，氣氛頗佳。

大家幾乎都租或買腳踏車，白天上班、上學，晚上陸續回巢，齊聚一堂看電視、煮晚餐、聊天、洗衣服，也互相交換生活及旅遊資訊。

住了幾天，我漸漸感受到阿伯阿婆們的和善，路邊流浪漢大都各過各的，相安無事。就如房仲和室友所說：他們不會騷擾你，也不會跟你搭訕。

有一次，我要出門才察覺腳踏車漏氣，正找不到修車行修理，路邊阿伯很親切的指引我車行方向，甚至熱心提醒我說：「記得要去街底那家店，充氣不用錢，第一家要錢啊！」真的是揪感心！我深深體會：許多事情不能只看表面，大阪西城區

的阿伯穿得破舊卻熱心助人，東京街頭的上班族穿得西裝筆挺卻往往冷漠，拒人於千里之外。

　　直到有一次，路癡的我，騎腳踏車不小心轉錯方向，騎到了「飛田新地」，才發現：天啊～我家附近除了流浪漢阿伯外，還有一整排完全不輸江戶時代吉原的紅燈區！

　　說到「飛田新地」，堪稱是日本政府「不能說的秘密」，遠看一整排好像是一家家的普通料亭，招牌上還寫著：「飛田新地料理組合」，不知情的人看了還以為是料理街之類的，再走進去就會發現：「別有洞天」，料亭外的屋沿下，木製的拉門開敞著，門口花俏的大屏風前，坐著一位又一位濃妝艷抹、嬌媚無比的花小姐，有的只穿蕾絲睡衣，有的穿著裸露的水手服、護士服等，擺出撩人姿勢，婉如造型精美的充氣娃娃，旁邊還坐著一位老鴇，嬌聲嬌氣的喊著：「お兄さん～～（大哥哥）」，不斷拉客。

　　這種把女人當商品般販賣的真實畫面，實在令我太震驚了，我嚇得趕快落荒而逃！直到現在，我仍無法從腦海中抹去這些畫面。

　　回住處後，我左思右想，實在不能理解日本這麼有潔癖的民族，為什麼能容忍西城區陰暗面的存在？我查尋許多資料，才終於了解，西城區之所以成為今天這般不堪模樣，其實是有段令人悲傷的歷史故事。

夜晚的大阪如此美麗，很難想像裡面藏著一個充滿流浪漢的街區。

來到大阪就一定要來探望一下
固力控大哥囉！

🌸 西城悲歌

　　古早的西城區並不是現在看到的這個模樣，二戰結束之初，戰敗的日本殘破不堪，毀壞的民屋建築到處都是，需要大量的勞工幫忙整修重建，那時候的西城區其實是個勞動人力聚集之地，每天早上都會有各個工地開著大卡車來招募工人，「今天這裡需要三個人、明天那裡要五個人……」，從外地而來賺錢的工人們聚集在卡車邊，被車上的工頭挑上了，就拉上車直接去工地上工，許多年輕力壯的男性們聚集在此，用他們健壯的身體以勞力換取金錢，工作雖辛苦但薪水豐沛，且每天下工就當場發放。戰後很多人都失去家人成為單身，日子過一天算一天，有錢就喝酒解悶，這種工作型態造成了工人們「今宵有酒今宵醉」，一拿到錢就花光的消極心態。

　　隨著日本經濟起飛，各地的重建工作漸漸建造完畢，工地的工作日漸減少，但要吃飯的人還是一樣多，因此工人們常因爭奪工作而打架滋事，造成大家對西城區治安不好的壞印象。

　　最後，國家不再需要這些工人了，這些曾經替日本重建揮汗賣命的工人漸漸老去，有些早已跟家鄉的親友疏離，沒有家人、沒有存款，也沒有固定住處，這些歐吉桑們就這樣或醉倒路邊，或舖紙箱露宿公園，形成到處是遊民的樣貌。

　　大家會想：日本政府難道沒有想過要改善這裡居民的環境嗎？當然有，日本政府花費很多金錢、很多精力整治這個地區，設置數個保護、戒護機構想幫助這些老人，請他們搬離。但對這些老翁來說，他們唯一僅存的，就是西城這個永遠包

容、接納他們的家，就算有補助，他們也不願意離開，於是，日本政府唯一能作的，就是慢慢等待這些老人們凋零死亡，隨著歲月而消失。

加上1958年日本實施了禁娼令，在無法立刻全面禁絕娼戶的情況下，日本政府只好勉為其難的，把妓女戶們全集中到西城的「飛田新地」自成一區，美其名該地是「飛田新地料理組合」，但，其實，賣的不是什麼懷石料理、和菓子美食，而是出賣肉體的「人肉料理」！這些種種原因，就形成今天日本人不想說又確實存在的大阪西城區。

當我了解這段西城歷史後，不禁覺得心酸又可笑，不想看到難堪的景象，但又無法消滅，就乾脆把他們通通掃到一個偏僻角落，眼不見為淨嗎？有光的地方就有影，今天能有這樣繁榮亮麗的日本，難道不是往昔這些醉倒路邊的流浪漢們雙手打造起來的嗎？

從此之後，當我騎腳踏車奔馳過西城街頭，看到被酒精麻痺，頹然坐在路邊的阿伯時，不再害怕不安了，而是思索著：這些昏昏沉沉老人們的眼裡，看到的究竟是我眼前髒亂的西城？還是數十年前，那個陪伴他們年輕歲月，充滿活力、生機蓬勃的西城呢？

國際學生在日本合法打工時數

　　好奇心重的讀者也許想去「飛田新地」一探究竟，但這裡畢竟比較特殊敏感，連日本警察都睜一隻眼閉一隻眼，不會進去巡邏的法外之地，男生去逛還好，女生千萬不要獨自進入，千萬不可拍照、攝影（最好把相機都收起來）或干擾店家生意，裡面的人們也不接受採訪，若不小心經過也請保持平常心，不要像參觀動物園般指指點點，不論什麼行業，都請給予尊重。

　　基本上，我並不建議進入該區，身在國外，安全第一，若真想了解，可參考日本作家：井上理津子寫的《さいごの色街飛田》一書，即便她是關西人，這位作者也花了二十年，才費盡苦心採訪到在飛田區工作的人們，我想看完這本書，絕對比走馬看花逛大街走一遭，來得收穫更多吧！

沒想到吧？西城區就藏在這座通天閣的後面喔！

おおきに（謝謝）！
關西關東大不同

　　記得我在箱根快要結束打工，準備前往大阪繼續下一個旅程時，一起工作的日本同事聽到我要去大阪，就跟我說：「要去大阪？那要特別注意喔，大阪不是日本。」

　　我當下一聽一頭霧水，問：「不是日本？那是哪裡？」

　　日本同事說「就是另外一個國家就對了。」

　　「另一個國家？但大家都是黑頭髮、黃皮膚，講的、寫的也都是日文，對吧？怎麼會是另外一個國家？」我繼續問。

　　我的日本同事歪著頭想了想，只說：「對啊，雖然是講日文，但對我們關東人來說，我們覺得大阪就是自成一國，是另外一個國家。」

　　聽到這段話時，我好震驚，忍不住追問：「那北海道呢？」

　　「北海道是日本啊！」同事說。

　　「沖繩？」

　　「是日本。」

　　「大阪？」

　　「嗯，大阪不是日本！」日本同事肯定地回答。

　　這段對話，實在是太令我印象深刻了。

　　一開始，我還以為是跟我說的人自己的偏見，沒想到過兩

天，另外一位日本同事也問我：打工結束之後要去哪？聽到我說大阪後，也跟前面的同事一樣，不約而同的對我說：「要注意喔！大阪不是日本。」

我才發現：在我們外國人眼裡，大阪、東京都一樣是日本，但，對日本人來說，關東、關西可是天差地遠的。讓我忍不住想起作家萬成目學在小說《豐臣公主》（プリンセス トヨトミ）一書裡寫的那段話：

> 這四百年來，我們傳承的事，就是把大阪國的事情，透過我們身為人父的身分，親口告訴兒子……今後，我們仍然會繼續守護「王女」，守護許許多多我們所珍愛的東西，守護大阪國。

以前看這本小說時沒什麼特別感受，這本書是杜撰的小說，事實上，大阪國也沒有存在過，但作者這個「大阪國」的想法，不就跟我那幾位日本同事說的：「大阪根本就是自成一格的國家。」一樣嗎？更何況，我同事還沒看過這本書呢，看來這個「關東關西兩樣情」的情結，並不是特例。

這又讓我想到我的一位日文老師，他是大阪人，有次在練習對話時，討論到：「日本的首都」，台下同學回答：「東京」，日籍大阪老師立刻糾正說：「才不在東京，京都作為日本首都可有千年了耶，遷都東京連兩百年都不到，所以日本首都應該在京都。」

又有一次講到「東京迪士尼樂園」這個單字，我的日籍大

阪老師忍不住氣呼呼抱怨：「你們知道迪士尼樂園根本就不在東京嗎？是在千葉縣耶，應該改名叫：千葉迪士尼樂園，你們不覺得東京人最狡滑了嗎？什麼東西都要據為己有。」聽得我

東京迪士尼樂園，永遠的夢幻國度！

東京迪士尼樂園內的神鬼奇航船長扮相栩栩如生，彷彿從電影中跳出來。

30歲前都能實現的吶日流學夢

們台下的同學很錯愕，不知道該說什麼好。除此之外，這位日籍大阪老師還曾經跟東京地下鐵的站長吵過架呢，正是標準的「大阪可是比東京好太多了！」的直腸子大阪人。

到日本走一遭，我也深刻感受到：關東、關西風情真的大不同。譬如：

關東人說話比較委婉；關西人說話比較大辣辣、直性子。關東人舉止比較拘謹害羞，關西人比較不拘小節、愛開玩笑，從搞笑藝人大本營「吉本興業」是從大阪發跡的，就可見一般。

關東人走在路上大都安靜沉默，搭電車時幾乎沒人在車廂內講電話，但在關西卻常看到年輕人在路邊高聲談笑，也不太在意在車廂內接手機。

簡單的說，大阪整體給人的氣氛很像台灣，到處都熱熱鬧鬧，食物便宜又大碗，人們熱情又豪邁，加上錯綜複雜的歷史情結，難怪關西人會覺得關東人很做作虛偽，關東人又覺得關西人粗魯無禮了。

身為外國人的我們，聽到這些事蹟，雖然大概知道理由，但情感上還是難以理解，跟我的韓國室友聊到時，都覺得啼笑皆非，總覺得：都是自己人，國家也連在一起，有什好分你是關東我是關西的？但，捫心自問：韓國不也分南北韓？台灣雖小，中南部人不也常取笑台北是「台北國」、「天龍國」？一樣的情況，我們也沒資格說人家。並不是關西人就一定看關東人不順眼，但兩種地區的不同風情，都可以體驗一下，對日本將有更不一樣的感受喔！

雍容華貴的大阪城是大阪的精神象徵。

愛熱鬧的大阪人常舉辦活動祭典，讓整個大阪充滿活力與熱情。

巨大又誇張的招牌就是大阪的特色。

黃色小鴨也曾到大阪中之島公園玩耍過。

鼻青臉腫長野滑雪記

　　我在日本的第一份工作，就是在長野白馬滑雪場旁的一間溫泉飯店打工，第一次聽到長野時，我腦袋一片空白，毫無概念，後來，才知道長野是著名的滑雪勝地，1998年時甚至還舉辦過冬季奧運。

　　因為長野有好幾座標高超過3000公尺的高山，屬於「特別豪雪地帶」，被稱為「日本的屋頂」，綿延的高山和乾爽的氣候，使長野擁有數座天然又優良的滑雪場，是各個滑雪好手和喜愛雪上活動的玩家必去的「滑雪王國」。

　　從小小孩就能上手的雪橇車到各種難度的滑雪道，各種玩雪花招，應有盡有。我雖然運動神經不好，但既然來到滑雪王國，豈有不滑的道理，於是，我的滑雪初體驗就此展開！

　　打工度假跟一般團體旅遊相比，最大好處，就是可以免費享受當地的設施。很多愛滑雪的日本人冬季專程到長野來打工，為的就是可以免費滑雪，可節省一大筆滑雪開銷。

　　我打工的栂池高原飯店老闆娘非常親切體貼，知道毫無裝備的我們想要滑雪，不但很阿莎力的提供我們纜車搭乘券，甚至帶我們去熟識的店家免費借用滑雪衣、雪鞋和滑雪板三個月！這又是打工附贈的額外福利，我們又賺到了！

滑雪的器具概分兩種：一種是常見的雙手拿雪杖跟一隻腳一個雪橇板，另一種是滑雪板，這兩種各有其困難地方，因為一起工作的日本同事們都玩滑雪板，所以我們選擇的也是滑雪板。

　　配備齊全後，就差指導的滑雪教練了，偶然聊天得知，一起打工的吉田小姐之前在滑雪學校當老師，也很樂意帶著初學的我們一起去滑雪，於是，我和室友就跟她約了時間，請她帶我們去滑雪囉！

滑雪的保暖配件：毛帽、
手套和束口圍巾。

在長野滑雪使用初學者
的滑雪板。

在長野滑雪穿著的基本款滑雪鞋。

🌸 全套裝備真講究

　　玩滑雪板的基本裝備，從頭到腳主要是：毛帽、護目鏡、手套、滑雪衣、雪褲、滑雪板和滑雪鞋，在滑雪場附近的出租店都可租到，講究配備或常滑的人都會自己購買，價位不便宜，一整套裝備租借兩天約六千日幣，愛好滑雪的吉原小姐、阿部先生他們全身整套配備，聽說身價直逼50萬日幣！

　　雪衣雪褲跟一般運動衣褲很像，防水材質且領口較高，跌在雪地上雪也不會跑到衣服裡面，想省錢的人也可穿防風外套和運動褲，外套裡面再穿著保暖吸汗的衣服，出租外套雖附有帽子，但我建議毛線帽比較服貼保暖。

　　護目鏡有些店沒有提供租借，因為鬆緊帶戴過就會鬆垮，我是跟旅館老闆借用舊的，尺寸不太合，滑雪跌倒時，護目鏡還整個飛出去，冷空氣跑進去時，容易產生霧氣，所以，建議護目鏡自備或租的時候注意是否合自己的頭型。近視的人則配戴隱形眼鏡比較方便，手套必須跟運動外套一樣，屬於防水材質才行。

🌸 滑雪前的準備

　　滑雪當天早上，在大廳集合，熱身完畢後，吉田小姐先教我們怎麼穿滑雪鞋，仔細檢查我們的裝備，看雪鞋有沒有穿好、綁緊。雪靴一定要綁緊，鬆掉是非常危險的，確認完畢後就出發了，不過，穿上滑雪靴很難走路，因為腳跟小腿都會

被牢牢的固定住，腳踝幾乎無法轉動，走起來就像企鵝一樣笨拙。

好不容易走到滑雪場，發現風雪很大，我和室友都很不安，不過，吉田小姐說：雖然風雪大比較難滑，但雪多跌倒了也比較不痛，所以，不用太緊張。我們拿覽車券去入口刷卡，搭纜車時從車窗往下看，唉呀！好高啊，好可怕！真的沒問題嗎?!（抖）

結果，當然很有問題啦！現在回想起來，那天我根本不是去滑雪，是去瘋狂跌倒的吧?!初學者想滑雪真的不容易，不是隨便練個兩三小時就能滑的，連滑雪經驗超過六年的吉田小姐都說：就算是現在，她也不時會跌倒呢！

我們在第一個纜車停車處就下車，那裡地勢最低，最適合初學者練習，一開始只讓一隻腳綁在滑雪板上，慢慢練習邊走邊滑，接著才兩隻腳都綁在板子滑。千萬別以為第一天就可優雅帥氣的在雪地上奔馳，初學滑雪是從跌倒開始的，通常第一天只能練習基本動作；希望不跌倒、順利的滑下山，幾乎是不可能的。

 ## 站起來最難！

我覺得滑雪最困難的是從跌倒中站起來，因為腳跟滑雪板綁在一起，全身又穿得厚厚的，很難找到施力點，所以一跌倒，要從斜陡的雪地站起來超級困難，兩隻腳要前進，只能用跳的！雖然吉田小姐很認真的示範跟教導我們：用手撐起自

己再站起來的方法，我卻跟小貝比一樣，只要一跌倒，就爬不起來，總是學不會，每次都要麻煩吉田小姐拉我才站得起來，最後實在沒辦法，吉田小姐只好教我：先自己翻身俯趴在雪地上，再以背朝上的方式站起來。

停下煞住！

學站之後接著學滑，只要克服對速度感的恐懼，練習幾次就可以慢慢滑下去了，滑的時候要看前面，不要看腳，不然非常危險。

我覺得難度僅次於站起來的就是停住，因為滑雪會隨著坡度越來越快，此時要靠手跟腳控制方向，若要停下來就必須將身體壓低，再轉身停住，若無法控制速度，感到危險時，就要讓自己跌倒再停住。

第一天的滑雪行程就是練習這幾個基本功，不斷重複：滑→太快、好可怕→想停→停不下來→跌倒→爬起來→滑……的循環過程。初學者連站起來都很費事，每次都要吉田小姐折回來援救，還要幫跌得灰頭土臉的我拍掉身上的雪跟轉方向，從頭到尾沒有一絲不耐表情，一路上不停給我們鼓勵，只要做對動作就開心的替我們鼓掌，真的非常用心。

當天滑雪結束後，晚上吉田小姐還依據我們白天滑雪的模樣，用螺絲起子替我們調整固定滑雪板和雪鞋連接的位置，讓我感動極了，不得不佩服日本人在小細節的貼心和用心。

不過，滑雪是項蠻危險的活動，雖然在滑雪場常看到日本小孩身手矯健的在雪地上馳騁，好像很簡單，但我在長野工作的三個月期間，就聽到好幾位台灣友人滑雪受傷，甚至摔到輕微腦震盪，我自己也曾滑到腳扭到，痛得躺在雪地上整整五分鐘無法動彈，眼淚都快流出來了，隔天上班腰酸背痛，感覺全身骨頭都快散了，運動神經不靈活又「俗辣」的我，現在回想起來，只有搭纜車的時候最快樂，其他滑雪時刻都驚恐萬分！

 栂池高原滑雪場資訊

★ 開放季節：12月～5月6日
★ 營業時間：日間8：00～17：00/17：～21：00

纜車券別	成人	兒童、銀髮族（60歲～）
半日券	3500日圓	2300日圓
1日券	4500日圓	3000日圓
2日券	7800日圓	5000日圓
夜間券	2000日圓	2000日圓

★ 登山纜車共有24台，且有直升機滑雪&滑雪板是動態式滑雪好手的首選。

在長野滑雪場上體驗
滑雪歡喜跳躍。

白天的長野滑雪場遊客絡繹不絕。

長野冬季每天下雪不斷，從窗外看去冰天雪地，厚厚一層白雪覆蓋，還有宛如利器、晶瑩剔透的冰柱。

長野栂池高原飯店新年的門面裝飾喜氣洋洋。

好歌劇，不看嗎？

　　2013年4月寶塚歌舞劇團來台演出，看到劇照海報，讓我不禁會心一笑，想起2012年11月我跑到神戶寶塚劇場看歌舞劇，真的很瘋狂呢！

　　2012年住在大阪的某天，我跟室友一起觀看「嵐」的電視節目，特別來賓寶塚劇團正在作宣傳，介紹許多寶塚軼事，短短三十分鐘就讓我著迷不已，明知都是女生反串，看到她們俊帥的表情依然怦然心動，就在我邊陶醉邊讚嘆：「好帥啊！」的時候，一旁的室友跟我說：「寶塚劇場就在大阪附近的神戶，想看就去看啊，很近的！」

　　聽到的當下，我立刻上寶塚官網查詢表演資訊，一個禮拜後，我就站在寶塚劇院前，排隊等著進場看戲了。

 ## 日本版百老匯

　　寶塚的大名如雷貫耳，但很多人都跟我一樣，對寶塚劇團一知半解，頂多知道團員都是單身女性，劇團訓練很嚴苛，表演時化妝和服裝都很華麗，甚至有人覺得誇張得好笑、許多電視上的著名演員，如：黑木瞳、天海祐希等，都是從寶塚團員出身的。而我也是做了功課才知道寶塚有很多有趣的故事。

寶塚是個地名，寶塚歌劇團是由阪急電鐵前會長小林一三在1913年所創立，目地只是想要藉由歌劇團的創立帶動當地的經濟發展，讓民眾為了看戲而多搭乘阪急電鐵。事實證明：目的真的達到了，要到寶塚市除了開車，只能搭阪急電鐵才到得了。

　　一開始只是小小的寶塚歌唱團，後來名氣越來越大，才設立寶塚音樂學校，專門培育劇團團員，除了神戶外，東京都千代田區也有一座劇場可以觀看表演。

　　寶塚劇場很像日本版的百老匯劇場，同一齣歌劇連續公演一個月，一天只表演兩場，有日本古裝跟歐洲歌舞劇，最有名的就是《凡爾賽玫瑰》，票價特別貴，往往一票難求，不早點上網購票是買不到的。

團員都是女生？

　　因「寶塚歌唱團」剛創立時就是少女歌唱隊，因此，只收女生團員，其實創立寶塚音樂學校時，曾收過一期男生喔！但沒多久就解散了，後來雖然有招收男學生，卻遭到歌迷們強烈反對，只好放棄，「只收女生」的傳統就一直延續到現在。

　　寶塚劇團規定：入團女性必須未婚，若結婚就必須離開。因學生眾多共分五組：「花、月、雪、星、宙」，每一組都很優秀，但也有各自擅長的領域，例如：雪組擅長戲劇、花組擅長跳舞等等。另外表現優異的資深團員會另組「專科」，不屬於任何一組，以「特別演出」的方式支援各組。

親臨現場觀賞日本版的百老匯歌劇——《仁醫》，為旅途留下美好回憶。

神戶寶塚歌劇院演出《仁醫》的海報。

🌸 看寶塚不可不知

寶塚歌舞劇的對白雖是日文，但劇情大都改編自當紅的影視劇本，表演時又唱又跳，就算聽不懂日文也一樣能觀賞。

很特別的是：開場跟結束時觀眾會鼓掌，在男女主角第一次出場跟唱完一段歌唱時，也會拍手，若是搞不清楚拍手時機，就跟著大家拍手吧。表演分上下兩場，中場休息讓大家上廁所、吃午餐，可以自備午餐，現場也有便當可買，上半場是歌劇，下半場則是歌舞劇，分秒緊湊，絕無冷場。

謝幕時，團員們手拿華麗彩飾走下二十六階大舞台，是固定傳統謝幕模式，看到這裡就知道要結束了。

🌸 早起追星享優惠

想看寶塚歌舞很簡單，可在寶塚劇團官網訂票或在便利商店購票，也可電話訂票（需另付手續費400圓日幣），公演期間可到寶塚劇院售票口購票。

寶塚歌舞劇的票價都是三～四千日幣起跳，日本古裝劇較便宜，歐洲劇較貴，若有當紅或專科演員上場就更貴。若想省錢，推薦購買「當日票」，可到寶塚官網流覽隔天公演的剩餘票數，通常周一～五會有剩票，禮拜六日若售完就沒辦法了。當天早上9點30分～10點開賣，販售最後兩排的當日剩票，優惠每張只要2500日幣，一人限購一張票，買「當日票」最好早上8

點就去排隊，往往8點半售票口已經長長一排人龍，還是早點出門免得白跑一趟喔！

師奶粉絲好含蓄

　　神戶寶塚劇場周邊的花園小徑、雕像很漂亮，等在寶塚音樂學校門口的師奶粉絲團更吸睛！她們穿著統一制服、一長排靜靜坐在校門口，等到自己心儀的生徒（學生）或演員出現時，馬上站起來，很有秩序的遞送卡片、禮物、點心餅乾等等，再默默「目送」生徒（或演員）們離開。我第一次看到這場景真是吃驚，她們都不用上班嗎？原來追星也可以這麼含蓄、低調啊！

　　觀賞寶塚歌舞劇真的是非常特殊的體驗，讓人回味無窮，喜愛戲劇的朋友，可以安排寶塚歌劇一日遊：白天看完歌劇，晚上到神戶港吃美食、賞夜景，整天都沉浸在滿滿的幸福中！
※寶塚歌劇團官網http://kageki.hankyu.co.jp/

寶塚歌劇團歷年來名演員的照片，都是日本師奶們的收藏珍寶。

神戶寶塚歌劇院一樓門廳吊掛水晶大燈金碧輝煌。

在寶塚生徒出入口耐心等候偶像出現的大群師奶粉絲們。

穿和服穿越千年古都

到了關西，十個有十一個人會到京都一遊！

愛漂亮的女生不管是幾歲，誰都想穿和服走在京都高高低低的坡坂小路上，展現優雅姿態，感受千年古都的浪漫氛圍；或是穿浴衣參加京都廟會，撈金魚、看煙火，留下最美好的回憶，我當然也不例外！

以前，我只穿過飯店免費提供的浴衣，這次我要在京都親身穿和服體驗！

浴衣的售價便宜，三件一組套裝：浴衣+腰帶+木屐，5000日幣有找，各式各樣的款式和類型都有，網路就能訂購，但，重點是要會「穿」，不會穿或沒專人幫忙穿的話，再漂亮的浴衣，也會穿得歪七扭八，皺皺醜醜的，若在日本，穿著浴衣到處走來走去，是很稀鬆平常的事，但是在台灣，大概只有變妝舞會時會穿出場，因此，浴衣雖然便宜，我卻缺乏購買的慾望，我想體驗的是比浴衣更華麗的和服造型。

京都和服體驗既可享受穿和服的樂趣，又可在古色古香的京都拍照留念，別說是外國人，連日本人也愛專程到京都穿和服體驗。好奇的我不能免俗的去穿和服玩賞一整天，實際體驗之後，發現比想像中的更有趣，真是太值得了！

不管高矮胖瘦的女孩，我都很推薦和服體驗，因為完全不用擔心腿短腰粗屁股大的問題，和服就是用布和毛巾把妳像行李一樣層層包綑得緊緊的，從肩膀到腳都是一直線的圓筒狀，所以從每個角度看都很優雅迷人。

　　如果說西裝是男生的魔法裝的話，我想日本和服就是女生的魔法服吧，不管對自己身材多沒自信的女孩，只要穿上和服，在京都的街頭走一遭，馬上有許多觀光客或偷拍或直接跑來問妳：可不可以合照？就像變成大明星一樣受歡迎！雖然和服穿得超緊，木屐也走得不習慣，但我還是會忍耐，享受被注目讚美的成就感；等到回去，脫下和服的瞬間，真有午夜12點一到，魔法消失，又變回灰姑娘的感覺呢！

　　網路上關於和服體驗的心得很多，每個人的喜好、要求、甚至能忍受穿和服的時間長度都各有不同，我不再贅述，只提注意事項，並提供台灣人常去的京都和服店給大家參考，各店各有特色，實際狀況依各家網站的資訊為準。

❀ 舞妓和藝妓的差別

　　日本藝伎在見習階段稱為：舞伎，舞伎是藝伎的前身，故藝伎年齡較大，大多穿黑色為底、較樸素的和服，舞伎的服飾較華麗，最大特色是背後有一塊華美的「長布」垂至腳踝處，與藝伎和服明顯不同。**舞伎和藝伎的和服體驗都會化很白很厚的妝及戴上古裝頭套**，花更長的時間裝扮，**一般觀光客常選擇年輕的舞伎和服體驗或只化現代妝、不戴頭套的和服體驗**，我就是選擇後者。

華燈初上，京都祇園小路陸續出
現美麗藝妓的蹤影，不期而遇令
人驚豔。

和服體驗讓大家都成為櫻花正妹。

夏天煙火祭典到處可以看到人們穿著五彩繽紛的浴衣出來遊逛。

為什麼舞妓體驗限制比較多？

　　舞伎和服體驗的價格高，限制也多，散步以一小時為主，因服裝關係走路不便，需專人陪伴，走路的姿勢、雙手擺放的位置等都有規定，連笑都不能露出牙齒，更不可以抽菸或做不雅動作，規矩很多。不但化濃妝、戴假髮頭套較不舒服，而且只要一走出店門口，就會有很多觀光客過來要求合照，所以，有些店家在你散步時，會有工作人員全程陪伴，或是有人力車搭配的方案，想體驗舞伎和服者需考量一下當天的行程、體力再做決定。

 ## 和服體驗前的準備

　　一般和服體驗店不提供化妝服務（舞伎體驗除外），或化妝需要額外付費，所以自己必需化好妝再去。若有自己的頭飾、和服小物、飾品或是手拿包包等，可以帶去使用。髮型可以自己預先想好，到現場再與髮型師討論，比較容易做出自己想要的髮型。

 ## 穿和服前要脫光嗎？

　　衣服不用全脫光，內衣內褲都可穿著，也可穿薄背心內衣，只是，和服會露出脖子，所以**體驗當天，不要穿套頭內衣就好**。

🌸 穿和服很花時間嗎？

若當天安排了體驗和服行程，就不要把觀光行程排得太滿，因為穿和服至少要一個小時，若當天客人很多，可能會更久，雖然店裡的工作人員動作都很熟練，但，穿和服是慢工出細活，急不得。穿了和服後，走路不方便，沒辦法跑太遠，不過，搭公車、去餐廳吃飯還是可以的，而且一點也不奇怪。

穿和服可以上廁所嗎？衣服會鬆掉嗎？

當然可以上廁所，只是很麻煩，所以穿之前，最好先上好廁所再穿。和服基本上不太會鬆開，因為綁得非常之緊！就算穿著和服在街上狂奔（如果你跑得動的話），也不會掉下來。除非你去用力拉扯，不然是不太可能鬆掉的。

 和服體驗之店家資訊

店　名	地　點	價　格	店　家　特　色
岡本織物	五条橋（本店）清水寺（分店）	・女性著物（普通／豪華）4200 & 5250日幣 ・男性著物4200日幣	1.台灣及外國人常去的店家，英文也通（我有遇到在那裡打工的台灣年輕女孩，所以中文或許也通。） 2.裝扮時間約需一小時，店員熟練、速度快。 3.款式眾多，費用含：頭飾、足袋及手提和風包，髮型另加500日幣，基本有兩種可選也可要求想要的髮型。

			4.店面總共兩層樓：一樓挑和服、二樓換裝。
			5.和服可從早穿到晚，一直穿到關店為止。
			6.地點就在清水寺旁，拍照方便，髮飾雖較舊，但要挑幾個戴都沒關係。
			7.建議早點去，穿的時間長更划算。
夢館	高倉通五條（本店）万寿寺町（夢館新館）	·舞伎散步 10500日幣 ·女性著物 2500日幣 ·男性著物 5000日幣	1.舞伎跟著物是分開兩館（著物是在新的夢館）。 2.有專業攝影師幫忙拍攝照片三張。 3.和服款式較少，也提供浴衣體驗，足袋免費。 4.所有和服都均一價格（正絹和服除外）。 5.雖價格便宜，但髮型造型（加1050日幣）和頭飾都要另外加價購買（不過髮飾可帶回作紀念）。 6.和服可以從早穿到晚，可以一直穿到關店為止。 7.其他小飾品（例如：繩結、外套等）都需另付費。
染匠	東山安井駅，八坂塔附近	·女性著物 5250日幣 ·男性著物 5250日幣	1.裝扮時間約一小時。 2.款式眾多，也提供浴衣體驗，浴衣可穿回家不必歸還。 3.和服材質較精緻。 4.費用包含：髮型造型、頭飾、手提和風包包及足袋。

			5.和服可從早穿到晚,一直穿到關店為止。
			6.場地較小,現場工作人員只能用日文溝通。
			7.足袋不需另購,但屬於重複使用,不能帶回家。
舞香	祇園四条駅	·舞伎散步 13650日幣 ·女性著物 4200日幣 ·男性著物 5250日幣	1.以舞伎體驗為主。 2.有專業攝影師幫忙拍攝照片四張(男生八張)。 3.因是舞伎體驗,故化妝打扮較花時間:需2～2.5小時。 4.戶外散步只有30分鐘。 5.男性除一般和服外,還有新選組、龍馬武士及浪人等裝扮,選擇很多。
夢見	大和大路通四条	·舞伎散步 13650日幣 ·女性著物 4200日幣 ·男性著物 5250日幣	1.以舞伎體驗為主,也提供和服(著物)體驗,但和服是穿藝伎的衣服,且和服體驗無法提供戶外散步。 2.有專業攝影師幫忙拍攝照片四張。 3.因是舞伎體驗,故化妝打扮較花時間:需2～2.5小時。 4.價格因散步時間長短有不同,左邊為50分鐘的價格。 5.網站上可看到部份的和服款式。
心	嵐山	·女性舞伎 13650日幣 ·女性著物 (無照片 /2張片) 500/5000	1.以舞伎體驗為主,也提供和服(著物)體驗。 2.有專業攝影師幫忙拍攝照片四張。 3.因是舞伎體驗,化妝打扮較花時間:需2～2.5小時。 4.戶外散步一小時。

店名	地點	價格	備註
		日幣 ·男性著物 5000日幣	5.該店位於嵐山，若去嵐山又想體驗和服的人可選擇。 6.男生也有龍馬和服的體驗（10500圓日幣）。
舞伎坂	五条橋	·舞伎（室內）9800日幣 ·女性著物5000日幣 ·男性著物6000日幣	1.以舞伎體驗為主，也提供和服（著物）體驗。 2.有專業攝影師幫忙拍攝照片三張（也可不拍較便宜）。 3.因是舞伎體驗，化妝打扮較花時間：需2～2.5小時。 4.戶外散步50分鐘需另付費3000圓日幣（含搭人力車）。 5.不同等級的舞伎變身方案，價格不同。 6.提供新選組的和服體驗（男女性都可穿）。
町屋花音	八坂上町	·女性舞伎（室內／散步）10500/13500日幣 ·女性著物4500日幣 ·男性著物4000日幣	1.以舞伎體驗為主，但也有提供和服（著物）體驗。 2.有專業攝影師幫忙拍攝照片4張。 3.因是舞伎體驗，化妝打扮較花時間：需2～2.5小時。 4.戶外散步一小時。 5.較特別的是：提供變裝過程的攝影方案（從化妝前到完成各階段共14張照片：變裝過程10張，變裝後4張）價格為18,500日幣。 6.網站可參考的資訊照片較少。

夢工坊	京都駅 （本店） 清水店 （分店） 祇園店 （分店）	・女性舞伎 （室內／散步）9975/ 13125日幣 ・男性著物 3150日幣	1.以舞伎體驗為主。 2.有專業攝影師幫忙拍攝照片四張（男生八張）。 3.因是舞伎體驗，化妝打扮較花時間：需2～2.5小時。 4.戶外散步僅50分鐘較短。 5.男性還有新選組和古代天皇貴族裝扮，選擇較多。 6.足袋免費提供。
四季	高台寺 （本店） 東大路通 （分店）	・女性舞伎 （室內 ／散步） 13000/ 17000日幣 ・男性著物 6500日幣	1.以舞伎體驗為主。 2.有專業攝影師幫忙拍攝照片六張（男生二張）。 3.因是舞伎體驗，化妝打扮較花時間：需2～2.5小時。 4.戶外散步一小時。 5.該店自豪的是以四季為主題，拍出季節感濃厚的照片。 6.足袋需另付費（390圓日幣），自備免費。
彩	祇園	・女性舞伎 （室內 ／散步） 12000/ 14500日幣 ・男性著物 5000日幣	1.以舞伎體驗為主。 2.有專業攝影師幫忙拍攝照片四張（六張價格18500日幣）。 3.化妝室、接待室和工作室非常漂亮、古色古香。 4.舞伎體驗化妝約3小時。 5.戶外散步一小時。 6.足袋免費提供。

各家和服店的網址和聯絡方式

★ 岡本織物
　　網站：http://www.okamoto-kimono.com/
　　　　　http://www.okamoto-kimono.com/tw/index.html（中文版）
　　電話：075-525-0117
　　營業時間：9：00～20：00

★ 夢館
　　網站：http://www.yumeyakata.com/
　　電話：075-354-8515
　　營業時間：AM10：00～PM8：00
　　E-MAIL：info@yumeyakata.com

★ 染匠
　　網站：http://sensho-kitamura.jp/
　　電話：075-531-3981
　　營業時間：AM10：30～PM6：00
　　E-MAIL：sensho-k@mbox.kyoto-inet.or.jp

★ 舞香
　　網站：http://www.maica.tv/
　　電話：075-551-1661
　　營業時間：AM9：00～PM7：00
　　E-MAIL：info@maica.tv

★ 夢見
　　網站：http://www.yumemiruyume.com/index.html
　　電話：075-541-7069
　　營業時間：AM9：00～PM5：30
　　E-MAIL：yu-me@soleil.ocn.ne.jp

★ 心
　　網站：http://www.kokoro-maiko.com/
　　電話：075-882-0508
　　營業時間：AM9：00～PM5：30

✿ 舞伎坂

網站：http://www.maiko-taiken.com/

電話：075-531-1166

營業時間：AM8：00～PM6：00

✿ 町屋花音

網站：http://www.maiko-kibun.com/index.htm

電話：075-541-5879

電話預約時間：AM8：00～PM11：00

✿ 夢工坊

網站：http://www.yumekoubou.info/

電話：075-661-0858

營業時間：

平日：AM10：00～PM8：00

六日、假日：AM9：00～PM8：00

E-MAIL：maiko@yumekoubou.info

✿ 四季

網站：http://www.maiko-henshin.com/

四季本店

電話：075-531-2777

E-MAIL：info@maiko-henshin.com

營業時間：9：00～17：00

四季さくら店

電話：075-533-6666

E-MAIL：info@maiko-henshin.com

✿ 彩

網站：http://www.kyoto-maiko.com/

電話：075-532-6666

營業時間：9：00～17：00

夜櫻和夜楓

　　日本四季分明，春櫻、夏苔、秋楓、冬雪，細緻的日本人，將古蹟風景新舊融合、賦予無限風情。若時間許可，請務必要去觀賞夜晚的櫻花及楓紅。

　　我來日本後，才知道夜晚也可以賞櫻賞楓，實際親眼看過後，才發現：夜櫻與夜楓的景緻和白天截然不同，夜晚在特殊設計的燈光照映下，粉櫻和紅葉更美、更紅、更迷人，有種神秘柔媚的風韻。

　　讓我最意亂神迷的就是：在箱根、宮野川的夜櫻，那晚打上黃光的櫻花怒放，我走在點綴著一盞盞燈籠的櫻樹小徑，一整排古老懷舊的日式街屋，伴隨河邊潺潺的流水聲，彷彿穿梭時光隧道回到江戶時代，此時若有拿武士刀的浪人或是日本國民作家宮部美幸筆下的茂七捕頭，從小巷提著燈籠竄出，甚至是鬼太郎漫畫裡的雨傘怪，一蹬一蹬的跳出來，我都不會意外！難以言喻的感動，大概就是這般吧。

　　在京都寺院賞楓，雖然晚上參觀又要多付一次入場費（約800圓日幣），甚至比白天門票（約600圓日幣）更貴，但，還是非常推薦大家夜晚參觀，至少挑一座寺廟觀賞，我是參觀知恩寺，還可以登上鼓樓眺望京都夜景，遊客此起彼落不斷發出：「啊～～～好美呀～」的讚嘆聲，和白天的感動完全不一

樣，且很多寺廟挑在秋季特別開放平常不公開的區域，讓遊客進去參觀，非常值得。

京都知恩院的夜間賞楓，有種說不出的靜謐氛圍。

箱根宮野川的夜櫻燦爛綻放。

異國戀還是速食愛情？

雖然我在日本換工作、地點的經驗不多，但透過打工旅行，不斷遇見形形色色的人，認識許多在台灣可能一輩子也不會遇到的朋友，彼此擦出璀璨的火花，這些都成為我青春時代最難忘的記憶。

異國朋友妙趣多

在長野工作的三個月，是我認識最多朋友的日子，因為喜歡滑雪的人都會從日本甚至世界各地聚集到滑雪勝地來，像滑雪老師吉原小姐就是關西人，家住奈良，因為關西不太下雪，所以每年冬天都跑來長野，邊打工邊享受滑雪樂趣。

飯店常有講英語的金髮碧眼歐美旅客及新加坡旅客，我只要被外國人用英文問話，腦子裡雖然浮現的是英文，但講出來卻都是日文，腦中語言系統整個大錯亂，講話都結結巴巴了。

當時，在長野栂池高原飯店打工的外國人，除了我們三位台灣女生，還有一位姓謝的中國男生，個子不高、瘦瘦的，因為沒滑過雪，所以也來體驗看看，謝先生已在日本住了幾年，受到日本文化薰陶，外貌雖不像日本人，講話已像日本人一樣彬彬有禮，不像有些大陸中國人講話大嗓門、做事又敷衍草

率，謝先生工作很認真也很親切，可能是一個人獨自在日本工作與生活的關係，臉上多了些與他年紀不符的成熟感，休假時會跟我們一起去長野市區玩，讓我對大陸人的印象大大改觀，原來也有這麼優質的。

讓我印象最深的是之前在東京新宿當牛郎的長野同事，長相雖不像明星那麼帥但也算有型，不知是否之前職業的關係？聲音總是很沙啞，他毫不避諱的說出自己的職業，也不怕我們問，我問他：當牛郎有趣嗎？客人是不是有很多漂亮的女生？他才一臉苦笑的跟我說：才沒有，都是些有錢、年紀大的歐巴桑才會來消費，年輕漂亮的女孩是不會去牛郎店消費的，而且要陪客人喝酒聊天，工作都日夜顛倒，其實當牛郎非常累又辛苦，沒那麼好賺的，所以他做沒多久就辭職了。我聽了忍不住感嘆：果然，不管在哪個國家、做哪一行，賺錢都很辛苦哪！

長野的冬天是旺季，三個月結束後，不需那麼多人手幫忙，許多打工者各奔東西，我也跟台灣夥伴分手，轉往箱根強羅溫泉飯店繼續打工半年。

剛開始，派遣公司告訴我：有一位韓國女生將跟我一起打工、一起住。當時我心裡七上八下，想想自己會講的韓文只有看電視學到的「歐巴～」（稱呼比自己大的男性前輩為：大叔）跟「阿ㄋㄧㄠ阿ㄙㄟ優」（你好！）這兩句話，而且，聽說韓國女生都很兇、很強勢，不知道我會不會被欺負？結果，我緊張兮兮的等到上任當天，認識這位姓崔的韓國女生後，才發現她根本就是個可愛的傻大姐，害我白操心一場！

東京派遣公司負責人開車載我們兩位去箱根強羅溫泉飯店報到的途中，邊開車邊指著遠方的山脈向我們介紹：那裡就是夏天會在山上點火燒「大」字的大文字燒（跟京都的五山放火很像，但箱根只有一座山），天真的崔小姐很緊張的說：「可以點火嗎？山沒問題嗎？不會燒起來嗎？」聽得負責人一直笑說：「不會啦！山很安全的。」

率真又開朗的她，非常好相處，我們兩個用日語溝通，很快就成為好朋友，晚上下班一起泡溫泉洗澡，分享工作上的喜怒哀樂、一起看嵐的節目、一起看奧運開幕式，等著自己國家的隊伍出場、休假一起看有中文字幕版的韓劇：《紳士的品格》、在夏天的尾巴一起去海邊踏浪、放煙火、甚至還很認真的討論起彼此國家的情勢（如：台灣與大陸的關係、南韓與北韓的關係），此時，才發現要用日文清楚說明台灣的歷史故事，真的好困難！

我們一起渡過酸甜苦辣、充滿回憶的六個月打工同居生活，最後我決定去關西旅遊，她決定留在關東，兩人才依依不捨分道揚鑣，道別的那天，她贈送我一對韓國人偶吊飾，很細心的跟我講解這個人偶的服裝階級代表的含意，並跟我約好：將來一定要來拜訪我的國家、熱鬧溫暖的島國：台灣。

回想當初，擔心要跟韓國人一起工作、惶惶不安的自己，做夢也沒想過，可以在日本打工度假的旅程上，遇到這麼可愛的夥伴！這次經驗，讓我又重新對韓國人的刻板印象改觀！！

每個國家都有好人與壞人，不能一概而論，韓國人是性情率真的民族，開心時大笑，不高興也直接表現在臉上，所以給人很強勢的感覺，其實，他們情緒來得快，去得也快，連崔小

我的韓國室友超愛喝燒
酒，打開行李竟掏出兩
瓶韓國酒來，說思鄉的
時候可以喝。

姐自己都說：「韓國人很容易生氣，氣的時候很兇，但氣沒多
久，一下子就忘記了啦！」

 ## 開放的性愛觀念

　　不知是否飯店工作性質的關係？日本人的性愛觀念，開
放到像電視上播的《美國派》一樣讓我咋舌，例如：有一次，
大夥同事一起去旅館附近的居酒屋喝酒，因為很近且同事的
朋友在那裡上班，所以，大家很常去那裡歡聚，跟老闆也熟，
老闆是位長髮有型又幽默風趣的中年男子，當天晚上喝完酒，
大家慢慢走回宿舍，其中一位日本女生突然接到老闆打來的電
話，我的韓國室友看到她遲疑模樣，就問：怎麼啦？，她支支
吾吾的說：「嗯……老闆打電話來……」我的韓國室友正要繼

續問下去，旁邊的日本男生就拉住她說：「沒關係！去吧、去吧！」日本女生馬上咚咚咚的跑回居酒屋。事後我們才知道，原來那位女生很喜歡居酒屋老闆，老闆也常打電話叫她去他家「過夜」，日本同事們很稀鬆平常、無所謂的講著這些性事，讓我跟韓國室友兩人震驚不已！

有幾次跟一起打工度假的台灣朋友們聚餐聊起，大家都認為：日本人清醒的時候很拘謹，但只要喝了酒，什麼都敢說，什麼都敢做，喝酒後一起過夜也沒什麼大不了，隔天就跟沒事人一樣，好像什麼都沒發生過！不知道是不是這樣？日本的未婚媽媽跟離婚的比率也特別高。

日本情色文化普及，色情電影海報就這樣大辣辣張貼在門口。

日本女性傳統的婚紗——
白無垢，在古代日本，白
色是神聖的顏色，象徵新
娘的純潔無瑕，那麼，你
心中的愛情又是什麼顏色
呢？

後來又和比較熟的日本女生聊到這件事情，她說：其實並不是每個日本人的愛情觀都是這樣的，也許短期打工的生活形式是造成的原因之一，因為大家都各自離開家鄉，異地生活比較寂寞，打工時每天朝夕相處，容易產生感情，等到打工結束，各自回到家鄉，遠距戀情難以維持，很快就分手了。

在國外生活的確比較辛苦又孤單，之前也有認識的人曾與一起打工的日本同事交往，但最後仍失敗告終，旅日生活難免形單影隻，並不是說談異國戀愛不好，我相信也是有遇到真愛的人，只是這樣的工作型態很容易促成速食戀情的產生。不管怎樣，女生還是比較吃虧的一方，異國戀情的確新奇有趣，但要面對的挑戰跟問題也更多，要談之前還是要有心理準備，搞清楚自己是真的遇到真愛、還是只是太寂寞比較好。

宅男天國、少女之路

　　日本號稱「動漫王國」，說到動漫就一定聯想到阿宅們的朝拜聖地：秋葉原。我對日本動漫也非常感興趣，雖然還不到畫同人誌或COSPLAY角色扮演參加各大動漫展的瘋狂喜愛程度，但身為小宅女，不去秋葉原走一遭，朝拜一下街上那群嗲聲發傳單、嬌小可愛的女僕，是說不過去的。

宅男天國：秋葉原

　　走進秋葉原電氣大街，動漫電玩店並沒有我想像中那樣的櫛次鱗比，但，各樓面懸掛的超大幅最新動漫海報，氣勢也夠驚人了，街上大半是電腦用品店，跟台北光華商場很像，也有許多賣色情光碟書刊的，大辣辣把商品放在店門口，讓人看了臉紅心跳，忍不住捏一把冷汗，真的很擔心日本未成年小朋友經過，看到沒關係嗎？

　　東京秋葉原街上，招攬客人的女僕和COSPLAY女孩們真的非常可愛，雖主攻客群以男生為主，但女生經過也會發傳單給妳，有些店還提供以小時計價的膝枕，讓你躺在女生大腿上，享受掏耳朵或按摩的服務；大阪日本橋電氣街的女僕則藏在巷子裡，她們跟東京秋葉原的女僕們不太一樣，很有大阪風情，熱情有活力。

日本的女僕文化很讓人好奇，不過日本是很注重肖像權的國家，街上的女僕們並不是每位都願意被拍照，想要拍照前，最好尊重對方，詢問一下是否可以拍照？當個有禮貌的觀光客，避免造成對方的困擾較佳。

東京秋葉原的動漫大樓，是動漫迷不可錯過的朝聖地。

東京秋葉原的AKB48劇場。

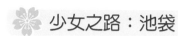
少女之路：池袋

　　東京秋葉原和大阪日本橋的電氣街赫赫有名，許多旅遊書都有介紹，但我比較想介紹的是鮮少人知的東京「少女之路（乙女ロード）」。

　　秋葉原電氣街是以男性為主客群的動漫街，但動漫大國怎可以罔顧女性族群的需求呢？（或者說：怎麼可能放過女性們的錢包呢？）因此，在東京池袋也誕生一條小小的少女街：從JR池袋東口往Sunshine City（サンシャインシティ）的方向前進，首先，會看到日本最大的動漫周邊店animate池袋本店，

東京池袋的執事喫茶餐廳，預約滿滿滿。

整棟八層樓，就像動漫界的巨人般，霸氣十足的睥睨著池袋街頭、熙熙攘攘的人們。裡面豐富完整的動漫畫書、CD、DVD、周邊商品及最新的日本動漫資訊，應有盡有。

走過Sunshine City前的斑馬線到對面，就可以看到一家家相連著的K-BOOKS主題館，雖不像animate一樣擁有一整棟，但也很豪氣的每一個主題就設一個館，分別是：漫畫館、兩間同人館、dolls館、cosplay館、動畫館等共六館，宛如一條巨龍般，盤踞池袋一整條的少女之路，還有らしんばん、まんだらけ、コミック館等等。

K-BOOKS同人館的地下一樓還有鼎鼎大名的「執事喫茶餐廳swallowtail」！想當90分鐘的大小姐嗎？沒在一個月前預約，是幾乎進不了的！

「乙女之路」除了有：各種BL同人書籍刊物模型、廣播劇聲優CD、二手遊戲等等，商品很豐富外，也有保存良好的二手書和過季的一番賞（期間限定的抽獎商品）便宜出清，種類雖繁多，分類卻很簡單明瞭，可以很快找到自己想買的書籍，而且很多是台灣買不到的商品，對動漫迷來說，是個挖寶的好地方。

看到雙眼發亮的少女們，在店裡一邊驚呼尖叫一邊興奮的選購商品，著實有趣，也有不少人乾脆提著行李箱進店裡掃貨。「少女之路」掏空顧客錢包的速度，真是讓人不知該說：這裡是天堂？還是地獄？雖然「少女之路」商店數量不像秋葉原那麼多，但仔細逛也會耗掉一整個下午，喜愛動漫的女生不妨來走一遭。

634公尺的晴空魔力

　　東京最新最熱門的觀光景點，非「晴空塔」莫屬了（又稱：天空樹，Tokyo Skytree，東京スカイツリー）。我在日本打工度假的那一年，正好是「晴空塔」開放的第一年，費時四年的日本「晴空塔」是2012年2月29日才剛完工的電波塔，座落於東京都的墨田區，往淺草寺的路上，遠遠就能望見高聳入雲的「晴空塔」，634公尺高，是目前全世界第一高的電波塔。

　　「晴空塔」的功能跟「東京鐵塔」一樣，都是發射電視台電波的鐵塔，隨著時代遷移，東京高樓越蓋越多，僅333公尺的「東京鐵塔」已不敷使用，且從2011年7月起，日本電視台由類比改為無線訊號發射，為了讓電波傳輸無礙，才蓋這座「晴空塔」做為訊號發射站及觀光推展使用。

　　「晴空塔」開放當天，日本新聞熱烈報導開幕盛況，當時我以為「晴空塔」跟台北101摩天大樓差不多：一定齊聚高檔精品名牌專賣店，不就是搭電梯上去高空看風景，到樓下商場買紀念品而已嗎？加上展望台的門票又貴，展望台第一層340公尺的門票：2000日幣，第二層450公尺的門票還要再加1000日幣，相較於「東京鐵塔」展望台的門票只要840日幣，真是貴很多，所以，我一直到回台前幾天才去參觀，不去「晴空塔」還好，一去驚為天人，「晴空塔」根本不是遙不可及的晴空樹，而是一棵魅力無邊的的搖錢樹！

643公尺的搖錢樹

　　「晴空塔」就在都營地下鐵的押上站，一出站就看得到，昂然神氣的聳立在遊客面前，從淺草寺遠眺時沒什麼感覺，近看可以完全感受到「晴空塔」的驚人魄力，最上層展望台的一圈銀白光環，轉啊～轉的，似乎有一種魔力，自然而然會把人吸引進去。

東京夜晚的skytree晴空塔煥發出迷人的時尚魅力。

東京skytree的吉祥物，頭髮是星星形狀的ソラカラちゃん（天空妹妹）。

走進「晴空塔」，就像愛莉絲走進仙境夢遊般，高潮迭起，驚喜連連，五層樓的購物中心——東京晴空鎮（東京ソラマチ），像炫目的迷宮般讓人走不出來，五層商場集聚日本各地的土產和限定晴空版商品，從懶懶熊到迪士尼玩偶，HELLO KITTY到吉普力卡通等等，琳瑯滿目，應有盡有；還有一家JUMP（日本發行量最高的連載漫畫週刊《少年ジャンプ》，台灣譯為：寶島少年）商店，販售許多一般商店animate沒賣的動漫周邊產品，宅男宅女們可以買個過癮；其中半層樓全部銷售日本各電視台的周邊商品，還有當紅的戲劇、綜藝和搞笑藝人的商品等等都可以買得到。

　　置身其中，可以深切感受到廠商竭盡所能、使出渾身解數，要讓遊客情不自禁掏盡荷包裡的鈔票及不停的刷！刷！刷！且每家商店幾乎都推出「地區限定」的「晴空塔限定商品」，價位從便宜到昂貴，男女老少喜愛的通通有，讓你心甘情願花錢買下去！

東京skytree晴空塔限定版售的香蕉芭奈奈蛋糕。

還有紅透半片天、東京人氣超旺伴手禮：「東京芭奈奈」（東京ばな奈）香蕉蛋糕，不同於一般淺黃色原味口味，特別精心設計讓女性為之瘋狂的豹紋圖案香蕉蛋糕，一口咬下，不甜不膩的鬆軟海綿蛋糕融和香濃巧克力醬，在嘴巴舌尖交織出一首首悠揚的圓舞曲，讓人忍不住驚呼：「怎麼會有這麼可愛可口的點心，真是人間美味！」。因為是「晴空塔」限定品，購物中心放眼望去，不只是觀光客，連日本人都人手一袋，似乎不買就是沒來過「晴空塔」一樣！

　　熙熙攘攘、時髦搶眼的「晴空塔」，是刺激消費的強心劑，相較遠方紅色靜謐的「東京鐵塔」，頓時有一種：「只見新人笑，不見舊人哭。」的落寞感受。

回首「東京鐵塔」

晴它，宛如陀螺的轉軸，分毫不差的插入中心。

插在東京的中心，日本的中心，插在我們夢想的中心。

有時候，閒來無事的神會把手從空中垂下，

把它像發條的陀螺一樣，骨碌骨碌的旋轉。

有人被彈了開來，有人被吸了進去，

有人被丟了出去，有人被轉得目眩眼花。

沒有人能夠抵擋，只能隨著那股力量的趨向牽引而去，

然後等待命運的宣判。轉啊轉啊，轉啊轉啊。

然後，我們燃燒殆盡，被捲進去又被推出來。遍體鱗傷。

——中川雅也

這是作家：中川雅也在2005年出版的《東京鐵塔：老媽和我，有時還有老爸》一書中，形容「東京鐵塔」的一段文字。當時閱讀這本小說，我被這段文字吸引，也跟自己說：有朝一日我一定要去「東京鐵塔」參訪；等到七年後，我真正去了，晴空塔的耀眼卻讓東京鐵塔顯得落寞許多，「日本夢想中心」的神采似乎被晴空塔搶走了，雖然永遠的東京鐵塔下面也有舉辦活動，但好像缺少些什麼，有失落的感覺。

　　在日本打工度假的最後一夜，我坐在東京鐵塔前的長椅上，仰望散發著淡紅色柔光的東京鐵塔和在聖誕燈飾下玩耍拍照的小朋友們，念舊的我覺得銀白色摩登的晴空塔雖然吸引人，紅色舊舊的「東京鐵塔」則顯得溫柔許多，就像永遠的母親形象，給人一種舒適自在的安心感。

　　於是，我在滿天星斗的東京夜晚，對著東京鐵塔悄悄在心裡許下：希望不久的未來，還能再來日本的願望，在這天來臨之前，親愛的東京鐵塔，請替我靜靜的守護日本這片美麗的天空吧。

東京晴空鎮裡的jump商店。

夜晚仍努力發著光的東京鐵
塔,風采被新開幕的晴空塔
搶走大半。

30歲前都能實現的哈日遊學夢

さようなら莎約那啦，日本！

　　2012年12月18日。結束日本打工度假的最後一天，我提早到機場，站在羽田機場的展望台，看著湛藍天空的飛機起降起落，風大得我只能瞇著眼睛望著即將載我回家的中華航空班機緩緩滑入機場跑道，而在海關檢查完行李，日本海關人員看著我的外國人居留證，問我：「還會再使用居留證入境嗎？」，我說：「不會」，接著海關人員在我的護照上蓋章，把我的居留證打了洞的那一瞬間，半夜十二點鐘聲響起，失去魔法的的灰姑娘，一整年在日本的旅程像旋轉木馬一樣轉啊轉的在我腦中繞，那一瞬間的我，突然很想流淚。

把握夏季的尾巴，去湘南海岸踏浪賞景。

我跟一般的的哈日族可能不太一樣，雖然小時候就愛看動漫畫、打電動，長大跟著爸媽一起看日劇或聽日文歌，但都有一搭沒一搭的看，並不是很瘋狂，小時候跟著家人一起去過日本幾次，但沒有一次是主動說我想去的。

　　直到看到日本搞笑藝人的綜藝節目和漫才表演，因為日本漫才博大精深，許多漫才的梗必須要了解日本文化和聽得懂日文才能理解，而許多動漫畫、甚至大河劇也都是從日本的歷史改編而來，我發現若是了解越多日本的歷史，看起來就越有意思，因此才激起我想學日文的動力。

　　然後，隨著接觸日本的事物越多，國內翻譯的書刊資訊已經不能滿足我的需求，為了能順利閱讀日本網站上的資訊，我才開始埋頭從五十音學起日文，一開始覺得還蠻簡單的，結果一碰到動詞變化，真是焦頭爛額的大卡關，但還是咬著牙撐過去了，而我發現當我學的字彙越多，了解日本的文化越多，就越發覺得日本人真的是個非常有趣的民族，他們集溫柔、冷淡、拘謹又開放這幾種幾乎相反的特性於一身，思考邏輯跟製

日本橋上的麒麟雕塑，是電影「麒麟之翼」的場景，象徵日本的起點，帶給人們夢想起飛的勇氣。

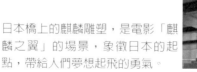

造出來的各種商品也好奇妙。

　　漸漸的，我發現與其說我是哈日，不如說我想要的東西有太多、太多都在這個國家了，只是安坐在家裡的椅子上點開網路，看著日本niconico（類似yotobe的日本網站）的影片或宅宅新聞（專門介紹日本各種趣事要聞的網站）也完全不能滿足我了。

　　日本人很冷漠、很難搞是真的嗎？秋葉原真的到處都是女僕嗎？大阪人跟台灣人一樣熱情嗎？電車裡大家真的都死氣沉沉、不講話嗎？新宿歌舞伎町的牛郎真的讓人跌破眼鏡的不帥嗎？日本人到底有多愛喝酒？煙火大會每個人真的就跟漫畫一樣，拿著水球、穿著浴衣、走來走去嗎？離開熟悉的家，說著不熟悉的語言，那又是什麼感覺？

　　我的疑問越來越多，內心那求知若渴的小小日本魂，再也沒辦法無動於衷了，我不再覺得去日本旅行、玩個八九天就夠了，我想要親眼看看那些日劇、動漫畫的真實場景，和日本的婆婆媽媽一起搶半價便當，我想親自確認心中的那些疑惑，想與日本人交流，了解她們的想法，用我的腳走遍每一條獨具風格的大街小巷，擠在人群中享受日本的祭典，穿和服為煙火而讚嘆，想要去日本生活這個念頭就在我腦中悄悄浮現了。

　　而我確實踏出去了，去之前，我在心中列了一份小清單，上面列了許多對日本人來說稀鬆平常，但我卻很想做的事情，例如：在12月31日看紅白歌唱大賽、去湘南尋找灌籃高手的場景、看遍所有在台灣看不到的日本綜藝節目、看許多在台灣想去卻無法參加的展覽、和日本人一起去居酒屋喝酒、去日本的海灘踏浪等等。

這一年，除了盡力完成我列在清單上的願望，過了一年「像日本人一樣」的生活外，同時也得到許多清單之外、意想不到的收穫和回憶，就像我從沒想到我會跟韓國人一起打工當室友，沒想到會在北海道被暴風雪困住，沒想到租住民宿的附近就是日本的紅燈區一樣，等回頭再看這段旅程，我才發現我這趟日本打工旅行，其實是一趟尋找青鳥的旅程。

我尋找的青鳥，不是什麼找個日本老公然後就嫁了、相夫教子過一生的那種青鳥，當然那也可以是一種青鳥的形式，但那不是我要的，青鳥是幸福的代表，我想去尋找村上春樹所說的，那些微小而確切的幸福（小さいけれど確かな幸せ）。

我的清單上列的事情都不是什麼驚濤駭浪的事情，沒有「賺一桶金回來」或是「考日文一級檢定」之類的遠大有志氣的目標，我只是想做那些在台灣做不到的，微小而確切的幸福的事情。

> 如果沒有這種小確幸，人生只不過像乾巴巴的沙漠而已
> （そしてそういった「小確幸」のない人生なんて、かすかすの砂漠のようなものにすぎないと僕は思うのだけれど。）

——村上春樹

所以我流淚，不只是捨不得離開這個國家，而是這一年的種種歷歷在目，交過的那些日本朋友，一起工作的同事，此次一回去，恐怕終生也不會再相見了，那每次遇到挫折就哭哭啼啼、嬌生慣養的小女孩——我，也已經不復存在了。

回來台灣後，大家都說：「哇！去日本回來，日文變好了吧？」，我覺得日文好不好是其次，在台灣學日文，也是可以學得嚇嚇叫啊，我覺得去日本打工旅行最難得可貴的，是在遇到困難時，學習解決問題的方法，讓自己更能接受挑戰，還有和許多可愛的人們相遇，這一切一切的回憶和語言的進步相比，不是更得來不易，是更值得珍惜的無形寶藏嗎？

　　這本書說的，就是我的故事。

　　尋找青鳥的旅程，是我這段旅程的定義，我想大家一定也有自己的想法，也會走出自己的路，圓夢也好，失望也好，只要沒有後悔和遺憾，不論最後結局如何，都是自己的回憶，屬於自己獨一無二，最棒的故事。

　　最後，希望透這些文字，可以帶給大家一點前往夢想的勇氣。對我來說，那就是最令人開心的事情了。

釀旅人09　PE0059

 30歲前都能實現的哈日遊學夢
　　　——日本打工度假全攻略

作　　　者	蕭文君
攝　　　影	蕭文君
責任編輯	黃姣潔
圖文排版	賴英珍、姚宜婷
封面設計	陳佩蓉

出版策劃	釀出版
製作發行	秀威資訊科技股份有限公司
	114 台北市內湖區瑞光路76巷65號1樓
	電話：+886-2-2796-3638　傳真：+886-2-2796-1377
	服務信箱：service@showwe.com.tw
	http://www.showwe.com.tw
郵政劃撥	19563868　戶名：秀威資訊科技股份有限公司
展售門市	國家書店【松江門市】
	104 台北市中山區松江路209號1樓
	電話：+886-2-2518-0207　傳真：+886-2-2518-0778
網路訂購	秀威網路書店：http://www.bodbooks.com.tw
	國家網路書店：http://www.govbooks.com.tw
法律顧問	毛國樑　律師
總 經 銷	聯合發行股份有限公司
	231新北市新店區寶橋路235巷6弄6號4F
	電話：+886-2-2917-8022　傳真：+886-2-2915-6275

出版日期	2014年5月　BOD一版
定　　　價	320元

國家圖書館出版品預行編目

30歲前都能實現的哈日遊學夢：日本打工度假全攻略：簽證、求職、租屋、旅遊一本通 / 蕭文君著. 攝影. -- 一版.
-- 臺北市：釀出版, 2014. 05
　面；　公分. -- (生活風格類；PE0059)
BOD版
ISBN 978-986-5696-06-1 (平裝)

731.9   103004960

讀者回函卡

感謝您購買本書，為提升服務品質，請填妥以下資料，將讀者回函卡直接寄回或傳真本公司，收到您的寶貴意見後，我們會收藏記錄及檢討，謝謝！
如您需要了解本公司最新出版書目、購書優惠或企劃活動，歡迎您上網查詢或下載相關資料：http:// www.showwe.com.tw

您購買的書名：_____

出生日期：_____年_____月_____日

學歷：□高中 (含) 以下　　□大專　　□研究所 (含) 以上

職業：□製造業　□金融業　□資訊業　□軍警　□傳播業　□自由業
　　　□服務業　□公務員　□教職　　□學生　□家管　　□其它_____

購書地點：□網路書店　□實體書店　□書展　□郵購　□贈閱　□其他

您從何得知本書的消息？

　□網路書店　□實體書店　□網路搜尋　□電子報　□書訊　□雜誌

　□傳播媒體　□親友推薦　□網站推薦　□部落格　□其他_____

您對本書的評價：(請填代號　1.非常滿意　2.滿意　3.尚可　4.再改進)

　封面設計____　版面編排____　內容____　文／譯筆____　價格____

讀完書後您覺得：

　□很有收穫　□有收穫　□收穫不多　□沒收穫

對我們的建議：_____

_____

_____

_____

11466
台北市內湖區瑞光路 76 巷 65 號 1 樓
秀威資訊科技股份有限公司　　　收
　　　　　　　BOD 數位出版事業部

....

（請沿線對折寄回，謝謝！）

姓　　名：＿＿＿＿＿＿＿＿＿　年齡：＿＿＿＿　性別：□女　□男

郵遞區號：□□□□□

地　　址：＿＿＿＿＿＿＿＿＿＿＿＿＿＿＿＿＿＿＿＿＿＿

聯絡電話：(日) ＿＿＿＿＿＿＿＿＿＿　(夜) ＿＿＿＿＿＿＿＿＿＿

E-mail：＿＿＿＿＿＿＿＿＿＿＿＿＿＿＿＿＿＿＿＿＿